Mosquito Verlag

Lou Baldin

Verbündet mit Außerirdischen

Jenseits von Roswell
liegt eine andere Dimension …

Lou Baldin

Verbündet mit Außerirdischen

Titel der Originalausgabe: „In League with a UFO“

Deutsche Erstausgabe, 2009

Übersetzung: Nina Hawranke
Titelgraphik: Jeremy Frank
Satz: Inna Kralovyetts
Druck: Westkreuz-Druckerei Ahrens KG
Gedruckt auf holzfreiem Schleipen Papier Fly-®

Mosquito Verlag

www.mosquito-verlag.de

ISBN: 978-3-928963-28-2

Inhaltsverzeichnis

Lou Baldin

kam in Italien zur Welt. Einige Jahre nach dem Zweiten Weltkrieg siedelte er mit seinen Eltern in die USA über. Er diente bei der US Army und begann nach seinem Militärdienst eine Karriere im Baugeschäft.

Lou war sich schon immer der Existenz außerirdischer Wesen bewusst und gibt an, vielfältige Kontakte mit ihnen gehabt zu haben. Auch während der Militärzeit blieben ihm diese Kontakte im Gedächtnis, doch wurde es ihm nicht gestattet, sich an den Zweck dieser Besuche zu erinnern. Das Militär schien mehr über die Außerirdischen und deren Beziehung zu ihm zu wissen als er selbst und verweigerte ihm sogar den Zugang zu bestimmten Militärbasen.

Im Laufe der Jahre vergaß er viele seiner Begegnungen mit den außerirdischen Wesen, bis ihm 1995 das Material für dieses Buch überreicht wurde. Seitdem wird er wieder häufiger von Außerirdischen besucht und erhielt zahlreiche Informationen, die er auf verschiedenen Websites veröffentlicht hat.

„Zur selben Zeit werden meine Boten ausziehen in Schiffen ...“

Hesekiel 30, 9

Prolog

Die Flugscheibe, die 1947 bei Roswell, New Mexico, geborgen wurde, stellt nur einen von vielen Kontakten dar, die im letzten wie auch in diesem Jahrhundert zwischen Außerirdischen und Menschen stattgefunden haben. Dem Roswell-Vorfall wird nur deshalb so viel Aufmerksamkeit gewidmet, weil es Mitarbeiter der US-Regierung waren, die einem weltweiten Publikum als Erste davon berichteten. Doch schon wenige Tage, nachdem ein Offizier der US-Luftwaffe die Meldung herausgegeben hatte, dass auf einem Feld bei Roswell, New Mexico, ein außerirdisches Raumschiff abgestürzt sei, wurde diese Geschichte vom Militärstab aufs Heftigste dementiert und die ursprüngliche Aussage als falsch dargestellt. Nicht jeder konnte jedoch zum Schweigen gebracht werden. Die Vertuschungsaktion konnte nichts an der neuen paranormalen

Wirklichkeitswahrnehmung der Menschen ändern, die Zeuge des Phänomens geworden waren.

Dennoch verloren viele der von dem außerirdischen Vorfall direkt Betroffenen – Krankenschwestern, Ärzte, Wissenschaftler und Militärs; alle, die ihr Wissen aus erster Hand hatten – plötzlich jegliches Interesse daran, über das Erlebte zu berichten. Man hatte ihnen vor Augen gehalten, was geschehen würde, wenn sie über das redeten, was sie 1947 in Roswell gesehen und erfahren hatten. Vieles von dem, was während der vergangenen drei Jahrzehnte bekannt geworden ist, stammt von Personen, die sich ursprünglich der neu gegründeten Geheimorganisation gegenüber verpflichtet hatten, Stillschweigen zu bewahren. Es waren Personen, die einen Großteil ihres Lebens in einem der vielen, weltweit existierenden Geheimlabore verbracht haben. Einige der Wissenschaftler, die an diesen Programmen mitwirkten, hatten unmittelbar mit den Außerirdischen und der Technologie zu tun, die in dem geborgenen Roswell-Raumschiff gefunden wurden.

Manche dieser Menschen haben einen Teil von dem, woran sie mitgewirkt haben, in Büchern festgehalten, aber weil ihre Behauptungen so phantastisch waren, schenkten ihnen nur Wenige Glauben. Andere, die mehr wussten, aber fürchteten, ihre Glaubwürdigkeit, ihre Karriere und vielleicht sogar ihr Leben aufs Spiel zu setzen, hatten kein Interesse daran, an die Öffentlichkeit zu gehen. Wieder andere schwiegen, weil sie sich ihrem Land verpflichtet fühlten. Die meisten dieser Menschen sind längst tot und haben ihre Geheimnisse über die Außerirdischen mit ins Grab genommen. Doch nicht alle Geheimnisse wurden begraben. Einige harrten auf verstaubten Dachböden oder in feuchten Kellern, unter alten Zeitschriften und in Kartons voller Bücher ihrer Entdeckung. Ein Großteil dieses Materials wurde nie gefunden und ist heute, wie so viele historische Dokumente im Laufe der Geschichte, für die Nachwelt unwiederbringlich verloren. Nie wieder werden die Augen eines Menschen diese Zeugnisse sichten. Wie viele geheime Informationen über dieses und andere Geheimprojekte auf dem Müll gelandet sind, werden wir nie erfahren. Doch einige Aufzeichnungen sind wieder aufgetaucht, nachdem die Verfasser längst tot waren.

Als ich begann, an „Verbündet mit Außerirdischen“ zu schreiben, hatte ich nicht vor, mich selbst mit dem UFO-Phänomen in Verbindung zu bringen. Andererseits wusste ich nicht, wie ich die Informationen darlegen sollte, ohne meine eigenen Erfahrungen einfließen zu lassen. Also legte ich das Manuskript für zwei Jahre beiseite, überarbeitete es erneut und veröffentlichte es erst dann. Was ich damals nicht wusste, war, dass mein Buch zwei Wochen vor dem 50. Jahrestag des Roswell-Absturzes erscheinen würde. Das erfuhr ich erst von meinem Verleger, und er empfahl mir, den Andrang von Menschen im Juli 1997 in Roswell, New Mexico, für den Verkauf meines Buches zu nutzen. Das aber wollte ich nicht, und so blieb mein Buch für die nächsten zehn Jahre nahezu unbekannt. Einige wenige Bücher verkauften sich dennoch, und ein Jahr nach der Veröffentlichung wurde ich eingeladen, in einem Dokumentarfilm über UFOs aufzutreten. Wieder lehnte ich diese Form von Werbung für mein Buch ab. Stattdessen gab ich ein paar Radiointerviews, wodurch ich ein paar weitere Bücher verkaufen konnte.

Die Art und Weise, auf die ich zu meinen Informationen kam, ist fast so seltsam wie die Informationen selbst. Ich hatte damals ein Bauunternehmen und besaß nicht den geringsten Wunsch zu schreiben – etwas, wozu ich obendrein auch kaum Talent hatte. Eines Tages wurde ich von jemandem zum Mittagessen eingeladen, den ich nicht kannte. Ich traf mich oft mit Kunden und Zulieferern und maß dieser Einladung daher kaum Bedeutung bei. Wir trafen uns in einem recht vornehmen Restaurant, und während des gesamten Essens sprachen wir nicht ein einziges Mal über das Bauwesen – das hätte mir eigentlich merkwürdig vorkommen müssen, tat es aber nicht. Während des Gesprächs holte mein Gegenüber einige Unterlagen aus seinem Aktenkoffer und reichte sie mir. Ich weiß nicht mehr, worüber wir redeten oder was auf diesen Papieren stand, aber kurz nach diesem Treffen begann ich niederzuschreiben, was Sie heute lesen.

Absturz eines UFOs

Roswell, New Mexico, im Jahr 1947. Am 2. Juli gingen bei den örtlichen Behörden mehrere Berichte über eine hell leuchtende Scheibe ein, die über den Himmel schoss. Das unbekannte Flugobjekt oder kurz UFO, das an diesem Tag gesichtet wurde, stürzte etwa 120 Kilometer nordwestlich der Stadt Roswell ab. Ein Farmer hörte den Aufprall und dachte, ein Flugzeug sei in der Nähe seines Hauses auf ein Feld gestürzt. Er ging hin, um nachzusehen. Für das, was er am Absturzort sah, fand er keine Worte. Es wirkte auf ihn, als sei es nicht von dieser Welt. Er war so verwirrt, dass er den Vorfall erst fünf Tage später, am 7. Juli, meldete, als er in die Stadt fuhr, um etwas zu erledigen. Dort erzählte er Bekannten, dass das Flugzeug aus einem merkwürdigen Material bestehe, das so gut wie nichts wiege, aber dennoch extrem stabil sei. Einige Jahre später hieß es, dass das am Absturzort gefundene Material wie Alufolie aussah. Zufällig war 1947 auch das Jahr, in dem die Alufolie erfunden wurde. Alufolie aber ist, im Gegensatz zu dem Material des außerirdischen Raumschiffs, sehr reißempfindlich.

Als sich herumsprach, dass der Farmer behauptete, ein UFO gefunden zu haben, verbreiteten sich Aufregung und Furcht (vor einer Invasion durch Außerirdische) wie ein Lauffeuer in der Stadt. Kurz nachdem der Mann dem Militär dann die Absturzstelle gezeigt hatte, wurde er plötzlich schweigsam, was das Thema anging, und sagte nichts mehr darüber. Weder mit den Medien noch mit Bekannten sprach er je wieder über seinen Fund. Doch die Nachricht war im Umlauf, und als die Presseleute scharenweise in der kleinen Stadt in New Mexico einfielen, verbreitete sie sich landes- und schließlich weltweit.

Ironischerweise stammt vieles von dem, was über den UFO-Absturz bekannt ist, von der Pressestelle der amerikanischen Armee/Luftwaffe – von derselben Stelle also, die später alles abstritt. Ein Offizier des Militärs sagte der Presse, dass eine fliegende Untertasse abgestürzt sei und die Armee/Luftwaffe sie geborgen habe. (Im Jahr 1947 waren amerikanische Armee und Luftwaffe noch ein und dieselbe Institution.) Nach dieser Aussage wollte alle Welt mehr erfahren. Manche Fragen, die diskutiert wurden, zweifelten gar die Grundfesten des menschlichen Weltbilds an: „Was ist, wenn wir im Universum nicht allein sind? Beweist dieser Absturz, dass es noch andere Lebensformen gibt? Und wenn ja, wie erschreckend dieser Gedanke doch ist!“, waren nur einige der besorgten Gedanken, die laut wurden.

Orson Welles' „Krieg der Welten“ von 1938 war den meisten Bewohnern von Roswell noch gut in Erinnerung. Der angebliche UFO-Absturz mochte bedeuten, dass nun eine echte Invasion von Außerirdischen drohte. So war die Aufregung stark von Angst geprägt. Der Absturz war ein böses Omen, das durchaus einer möglichen Invasion vorausgehen mochte, und die Regierung erkannte schnell, dass sie den Fragen und der Besorgnis der Reporter, die gut und gerne eine Panik auslösen konnten, nicht mehr Herr wurde. Das Militär, das nicht wusste, was genau die Armee beschlagnahmt hatte, dementierte seine ursprüngliche Pressemeldung über eine fliegende Untertasse, um den panischen Medienrummel zum Erliegen zu bringen, und schob das Missverständnis einem falsch informierten Offizier niederen Ranges in die Schuhe. Im neuen Militärbericht hieß es, dass es sich bei dem Fund an der inzwischen so berühmten Roswell-Absturzstelle lediglich um einen neuartigen Wetterballon gehandelt habe, der auf der nahegelegenen Militärbasis getestet worden sei.

Der Absturz eines Wetterballons war viel leichter zu verarbeiten als Außerirdische aus dem Weltall und erschien der breiten Öffentlichkeit weit weniger furchterregend. Kaum jemand zweifelte die Erklärungen des Militärs an; die meisten schluckten sie bereitwillig, und so vergaß die Öffentlichkeit die Sache bald.

Die Vertuschung

Die Führungskräfte des Militärs konnten dem amerikanischen Präsidenten nicht mehr sagen, als dass das, was sie geborgen hatten, nicht irdischen, sondern außerirdischen Ursprungs zu sein schien. Das genügte dem Präsidenten, um zu verfügen, dass die Angelegenheit bis auf Weiteres geheim bleiben solle.

Es wurde ein Geheimkomitee gebildet, dessen einzige Aufgabe in der Untersuchung des Raumschiffs bestand. Zuständig für das Komitee war die amerikanische Luftwaffe, die es auch finanzierte. Nach außen hin gab das Komitee vor, mit der Integration neuer Techniken betraut worden zu sein, die Militärflugzeuge besser manövrierbar und schneller machen sollten (eine hochgeheime Angelegenheit). Die Einrichtung befindet sich nahe der Grenze zwischen Nevada und Arizona und ist gemeinhin als „Area 51" bekannt. Bis in die 1970er Jahre war sie eine der geheimsten Militärbasen überhaupt. Dann aber geriet sie zunehmend in den Fokus der UFO-Szene, und auch in Zeitungen und Magazinen war zunehmend von ihr die Rede.

Eine Vielzahl von Quellen berichtete nun über UFOs – Durchschnittsbürger, die den Medien von geradezu unmöglich manövrierfähigen Flugzeugen in der Nähe von Militärstützpunkten und der Area 51 berichteten, ebenso wie Experten, die behaupteten, was sie gesehen hätten, könne kein Militär- oder anderes Flugzeug leisten, ohne zu zerbersten. Flugzeuge, die sich bei hoher Geschwindigkeit diagonal vorwärtsbewegten, waren nur eine von vielen bizarren Erscheinungen. Bei anderen Quellen und Informanten handelte es sich um ehemalige

Militärs, die auf bedeutsamen Stützpunkten beschäftigt waren und ihre Informationen nur unter der Voraussetzung preisgaben, dass ihre Namen nicht genannt würden. Die Area 51 ist nach wie vor eine streng geheime Einrichtung, obwohl heute jeder weiß, wo sie ist. Inzwischen dient sie einem Dokument zufolge eher als eine Art Köder, der die Öffentlichkeit von anderen verdeckten Operationen ablenken soll.

Das Militär war im Besitz einer Flugmaschine, die so fortschrittlich und rätselhaft war, dass einige der an dem Programm beteiligten Wissenschaftler mutmaßten, sie müsse aus einer anderen Dimension stammen oder könne sich zwischen den Dimensionen hin- und herbewegen und so die immensen Weiten unseres Milchstraßensystems überwinden.

„Das Raumschiff war wie ein lebender Organismus", heißt es in einem Dokument der Geheimakten. Als man das Schiff fand, war an einer Seite ein großes Loch, das vermutlich durch eine Explosion im Innern entstanden war – eine Theorie behauptet, eine auf Antimaterie basierende Komponente des Raumschiffs sei vielleicht leck geschlagen. Durch die Explosion wurde das Raumschiff weitgehend zerstört (seine ursprüngliche Größe wird in keinem der Dokumente erwähnt). Drei Wochen nach seiner Entdeckung aber hatte sich das Raumschiff auf wundersame Weise selbst „geheilt" (repariert). Das war, gelinde gesagt, überaus merkwürdig, da das Raumschiff rund um die Uhr bewacht wurde und sich offenbar kein außerirdisches Reparaturteam materialisierte, um die Arbeiten durchzuführen. Sollten tatsächlich Außerirdische das Schiff repariert haben, dann mussten sie entweder unsichtbar gewesen sein oder aber den Wachen das Bewusstsein geraubt und falsche Erinnerungen eingepflanzt haben. Die Wissenschaftler, die das Raumschiff inspizierten, berichteten, dass die Schäden ähnlich verheilten wie menschliche Fleischwunden, die sich innerhalb weniger Tage mit Hilfe von Blutplättchen schließen. Die Haut bzw. die Oberfläche des Schiffs hatte sich innerhalb von drei Wochen vollständig regeneriert. In Wahrheit jedoch besteht zwischen der menschlichen Immunologie und der Regenerationsfähigkeit des Raumschiffs nicht die geringste Ähnlichkeit, denn wäre ein Mensch einem entsprechenden Trauma ausgesetzt gewesen, dann hätte er sich nicht etwa erholt, sondern wäre gestorben.

Nach drei Wochen deutete nichts mehr darauf hin, dass das Raumschiff je beschädigt gewesen war. Es gab keine Narben, und die Farbe an den Stellen, an denen der Rumpf zerstört gewesen war, ging nahtlos in den unbeschädigten Bereich über.

Die durch die Explosion verstreuten Trümmerteile hatten sich über mehrere Hektar verteilt. Das Material sah aus wie Alufolie und fühlte sich auch so an, mit dem Unterschied, dass Alufolie nicht mehr zu glätten ist, wenn sie einmal zerknittert wurde. Das außerirdische Material aber ließ sich glätten, ohne dass auch nur eine Falte zurückblieb. Weil das Raumschiff sich selbst regenerierte, konnten die untersuchenden Wissenschaftler die Absturzursache nicht ausmachen. Die Größe des Lochs im Rumpf ließ sie aber vermuten, dass eine Explosion im Innern und nicht etwa der Aufprall den Schaden hervorgerufen hatte. Das Material, aus dem das Schiff gemacht war, erwies sich als nach menschlichen Maßstäben unzerstörbar. Nachdem das Material auf seine Stabilität hin untersucht worden war, kamen die Wissenschaftler zu dem Schluss, dass nichts Irdisches dem Raumschiff auch nur das Geringste anzuhaben vermochte, nicht einmal ein Blitzschlag (eine der ersten Theorien zur Absturzursache lautete, dass vielleicht ein Blitz verantwortlich gewesen sei).

Von den drei Außerirdischen, die aus dem Raumschiff geborgen wurden, war einer tot und zwei noch am Leben. Man brachte die drei sofort an einen unbekannten Ort. Wohin, das wusste nicht einmal das geheime Komitee, in dessen Besitz das Raumschiff war. Das Komitee kümmerte dies nicht weiter, denn es hatte mit dem Schiff und seiner mysteriösen Ladung schon genug zu tun.

Erst nach mehreren Monaten wagten sich die Wissenschaftler ins Innere des Raumschiffs. Es war, als beträten sie eine Zeitschleife – jeglicher Bezug zur Realität verschwand. Armbanduhren liefen nicht, sobald man das Raumschiff betrat, und auch die fünf menschlichen Sinne funktionierten unvollständig. Dinge rochen anders oder gar nicht; menschliche Körper verloren jeden Eigengeruch. Lebensmittel dagegen rochen plötzlich abstoßend, so als wären sie verdorben, was es unmöglich machte, an Bord zu essen. Und auch Parfüm und Rasierwasser waren erst wieder wahrnehmbar, wenn die Wissenschaftler das Schiff verließen. Sie experimentierten mit Nahrungsmitteln und fanden heraus, dass diese nicht dauerhaft beeinflusst oder verändert wurden – außerhalb des Raumschiffs rochen und schmeckten sie wie zuvor. Alle anderen Sinne – Sehen, Hören und Fühlen – verbesserten sich an Bord. Brillenträger mussten ihre Brille abnehmen, um sehen zu können. Mit dem Hören verhielt es sich ebenso: Jedes Geräusch war überdeutlich zu hören, unabhängig davon, ob jemand Gehörschäden hatte oder nicht. Jede Berührung wurde als so intensiv empfunden, dass sie fast schon erotisch war. Das Raumschiff fühlte sich einfach gut an! Aber die Wissenschaftler waren es nicht gewöhnt, sich derart gut und gesund zu fühlen, und es dauerte eine Weile, bis sie die belebende Atmosphäre im Innern des Schiffs genießen konnten (den wenigsten der Wissenschaftler gelang dies). Waren die Wissenschaftler lange an Bord des Schiffs, so übermannte sie beim Verlassen eine Art heftiger Jetlag. Sie waren gereizt, fühlten sich erschöpft und ausgebrannt, litten unter Schmerzen und mussten sich erst wieder daran gewöhnen, wie es war, sich miserabel zu fühlen. Denn ironischerweise war dies ihr normaler körperlicher Zustand, den sie an Bord des Raumschiffs vergaßen.

Zwar waren alle Sinne an Bord des Schiffs geschärft, aber die einhellige Meinung war, dass dieses Empfinden etwas Surreales an sich hatte. Die Wissenschaftler befanden sich in einer Art Traumzustand, waren dabei aber voller Energie und keineswegs schläfrig. Andererseits konnte diese Form von Wachheit schnell in Beklommenheit und bei Einigen sogar in ein albtraumhaftes Gefühl übergehen – das ständige Gefühl, dass etwas (außerirdisches) Lebendiges mit ihnen an Bord war, hinter ihnen, um sie herum, wie nebulöse Geister oder Schattenwesen. Das war für alle, die im Raumschiff arbeiteten, nervenaufreibend. Alle wussten, dass sie nicht allein im Raumschiff waren.

Um der verzerrten Zeitwahrnehmung entgegenzuwirken, stellten die Wissenschaftler vor dem Raumschiff zwei Männer auf, die alle paar Minuten hereinkommen und die Uhrzeit nennen sollten. Anfangs nämlich hatten die Wissenschaftler Stunden und sogar Tage im Innern des Raumschiffs verbracht, ohne auch nur das Verstreichen einer einzigen Minute empfunden zu haben. Die Männer konnten ohne Weiteres längere Zeit im Schiff arbeiten, ohne zu ermüden oder die Konzentration zu verlieren, aber für alle, die eine Familie hatten, stellte dies auf Dauer ein Problem dar.

Das Innere des Raumschiffs war viel größer als das Äußere vermuten ließ. Niemand ist sicher, ob je alle Räume und Abteilungen entdeckt worden sind. Es gab nie übereinstimmende Angaben über die Anzahl der Räume an Bord – selbst ein und dieselbe Person machte jedes Mal andere Angaben. Ein weiteres Problem bestand darin, dass es unmöglich schien, sich an Bord des Schiffs verständliche Notizen zu machen. Alles, was die Wissenschaftler aufschrieben, erwies sich nach Verlassen des Raumschiffs als ein Wirrwarr aus unvollständigen Wörtern und Sätzen bar jeder Bedeutung. Die Wissenschaftler versuchten auch, Photos von den Instrumenten und den Abteilungen im Raumschiff zu machen, doch auch das gelang ihnen nicht. Sobald der Film entwickelt wurde, schien es, als sei er überbelichtet worden. Verschiedene Methoden wurden angewandt, um den Film vor der unbekannten Strahlung abzuschirmen. In dem Versuch, den Film zu schützen, wurde die Kamera in verschiedene Legierungen, Kunststoffe und brandneue exotische Keramiken eingelassen. Doch nichts half.

Das Raumschiff barg eine große Menge an Geräten. Einige wurden für Experimente herausgeschafft; andere konnten, obwohl sie beweglich waren, nicht aus dem Schiff entfernt werden. Eine unsichtbare Kraft im Innern des Raumschiffs hinderte die Wissenschaftler daran, es mit einigen der außerirdischen Geräte zu verlassen. Niemand fand heraus, warum das so war oder wie man sich dieser Kraft entziehen konnte.

Jedes der außerirdischen Objekte schien seine Aufgabe zu kennen – ganz im Gegensatz zu menschlichen Gerätschaften wie Hammer oder Toaster, die statisch sind und, wenn überhaupt, nur mit menschlicher Hilfe oder elektrischer Energiequelle funktionieren. Die außerirdischen Geräte schienen über ein Bewusstsein zu verfügen, ja regelrecht lebendig zu sein, und sie funktionierten unabhängig von ihrem Umfeld und ohne sichtbare Energiequelle in Form von Batterien, Solarzellen oder Elektrokabeln – also zeitlich unbegrenzt!

Der Einstieg des Raumschiffs gab ebenfalls Rätsel auf. Wenn sich ein Wissenschaftler dem Schiff in der Absicht näherte, es zu betreten, tat sich sofort eine Öffnung auf. Hatte die Person nicht die Absicht, das Schiff zu betreten, öffnete es sich auch nicht. Das Raumschiff konnte von allen Seiten betreten werden – von oben, seitlich und unten. Das Schiff öffnete sich da, wo der jeweilige Wissenschaftler gerade stand. Wo auch immer der Eingang sich auftat, führte er stets zum selben zentralen Punkt. Das Raumschiff konnte auch mehrere Personen auf einmal einlassen, eine Eigenschaft, die viele der Wissenschaftler nicht wenig verstörte. Ein Zeuge gab an: „Wenn alle der untersuchenden Techniker einen Kreis um das Raumschiff bildeten und es alle zugleich betreten wollten, dann geschah dies auch.“ Es gab keine Türen im herkömmlichen Sinne, nur jeweils eine Öffnung von der Größe der Person bzw. Personen, die das Schiff betreten wollten. Das Raumschiff schien eine Art Osmose anzuwenden. Wer auch immer sich neben dem Schiff befand und hinein wollte, fand sich gleich darauf im Innern wieder. Wollte die betreffende Person nicht hinein oder hinaus, erwies sich das Schiff als undurchdringlich. Kein menschliches Gerät konnte die Außenwand beschädigen.

Seltsame Lebensformen im Innern des Raumschiffs

Alles im Innern des Schiffs besaß eine eigene Persönlichkeit und konnte den Wissenschaftlern auf höchst bizarre Weise vermitteln, was es „fühlte“. Der beste Vergleich, den die Wissenschaftler für die Geräte fanden, war, dass sie wie synthetische Versionen von Insekten und kleinen Tieren wirkten. Die Apparate wiesen zwar keine biologischen Merkmale wie Nahrungsaufnahme oder Ausscheidung auf, waren aber auch nicht statisch wie künstliche irdische Materialien. Sie wanden sich, krochen, schwebten, sprangen, flogen und liefen umher! Die Größe dieser lebenden Apparate variierte von der einer Zecke bis zu der eines Basketballs, wobei die meisten von ihnen nicht mehr als handtellergroß waren. Einige der Gegenstände behandelten die Wissenschaftler wie eine Art Unterhaltungsspielzeug. Sie stritten sich wie Kinder darum und warteten ungeduldig darauf, dass sie endlich an der Reihe waren, um es in Augenschein zu nehmen und damit zu spielen. Andere Dinge dagegen erwiesen sich als regelrechte Monster. Viele schienen aus Metall zu sein (sie waren massiv und extrem robust), zugleich aber waren sie formbar wie Knetmasse. Die ambivalente Natur dieser eigenartigen Substanz verblüffte das Forscherteam. Man war einhellig der Meinung, dass das Material, aus dem sowohl das Schiff als auch sein Innenleben bestand, jeder menschlichen Physik spottete. Die außerirdischen Geräte basierten nicht wie menschliche Maschinen auf Getrieben, Motoren, Rädern, Schaltungen oder hochmoderner Mikroelektronik wie der Nanotechnologie. Doch hatten sie auch kein physiologisches Gerüst wie Knochen, Blut und Muskeln. Auch entsprach ihr Aufbau nicht dem von Pflanzen oder Meereslebewesen. Es schien vielmehr so, als würden sämtliche Moleküle dieser Apparate als Einheit agieren, so wie Wassermoleküle sich zu einem Ozean verbinden.

Die außerirdischen Geräte waren mit menschlichen Werkzeugen nicht zu zerlegen; mit unserer unterlegenen Technik ließen sie sich weder beschädigen noch analysieren. Sie wiesen weder Nähte noch Kanten auf, an denen man sie hätte aufbrechen können, und sie besaßen weder Organe noch Fleisch, von denen man Proben hätte entnehmen können. Sie ließen sich nicht wiegen und gaben auch nicht ihr Innenleben preis. Es schien fast so, als seien sie aus einem einzigen massiven Stück anstatt aus Einzelteilen gefertigt – nur dass sie nicht massiv im herkömmlichen Sinne waren. Das außerirdische Material ließ sich nur als formbar und massiv zugleich beschreiben, wobei aber die Temperatur keinerlei Einfluss auf diese beiden Zustände hatte, wie es bei irdischen Metallen, Flüssigkeiten und Gasen der Fall ist. Die Gegenstände wechselten unabhängig von äußeren Temperaturschwankungen zwischen den vier physikalischen Zuständen fest, formbar, flüssig und gasförmig. Der Wechsel ging dabei allein vom außerirdischen Gerät selbst und nicht vom Benutzer aus. Eine Untersuchung der Apparate wurde zudem dadurch vereitelt, dass sich das außerirdische Material als undurchdringlich für Röntgenstrahlung erwies. So blieb aus menschlicher Sicht nur eine übersinnliche Herangehensweise, um zu klären, wie die Gegenstände funktionierten.

Nichts, das mit dem Raumschiff in Verbindung stand, alterte oder zeigte Verschleißerscheinungen. Vielmehr schienen das Raumschiff und sein Innenleben sich mit der Zeit sogar weiterzuentwickeln. Auch schienen die Gerätschaften von ihren Benutzern zu lernen. Ein Beispiel: Wäre ein Hammer ein außerirdischer Gegenstand, so würde man ihn nur einmal aktiv benutzen müssen, um ihn dazu zu bringen, fortan selbsttätig Nägel in die Wand zu schlagen, ohne dass jemand ihn bedienen müsste. Der Hammer würde eigenständig agieren, auch wenn weiterhin jemand nötig wäre, um den Nagel festzuhalten – und zu beten, dass der Hammer den Nagel auch trifft. Die außerirdische Technologie war perfekt, erwies sich aber in Verbindung mit der weniger entwickelten Technik und dem technischen Verständnis des Menschen als problematisch. Die Wissenschaftler fanden schnell heraus, dass es ein gefährliches Unterfangen war, die außerirdischen Apparate zu kontrollieren, wenn diese einmal aktiviert worden waren. In den Berichten ist als Folge dieses Aufeinandertreffens von menschlicher und außerirdischer Technik von mehreren Unfällen und sogar Toten die Rede.

In dem geborgenen Raumschiff fanden sich drei oder mehr Räume, die wie futuristische Operationssäle wirkten. Diese Räume waren heller als die übrigen, und die Atmosphäre in ihnen fühlte sich an, als würden sich hier Skalpell und Fleisch begegnen.

Einige Mitglieder des Untersuchungsteams waren der Ansicht, dass viele, wenn nicht gar alle Instrumente des Schiffs für medizinische Zwecke gedacht waren. Nachdem es mehrere Unglücksfälle durch die außerirdischen Gegenstände gegeben hatte (Tote und unfreiwillige Amputationen), beschlossen die Wissenschaftler, an Leichen zu experimentieren, um das Risiko zu senken. Nach mehreren missglückten Versuchen mussten sie jedoch feststellen, dass die außerirdischen Instrumente an Leichen nicht funktionierten – die Apparate reagierten nicht auf totes Fleisch. Daraufhin benutzten die Wissenschaftler Tiere wie Ratten, Kaninchen, Schweine, Hühner, Mäuse, Rinder, Pferde, Kröten, Fische und andere. Einige der Instrumente wurden nur durch bestimmte Tierarten aktiviert bzw. „geweckt". Rinder, Pferde und Menschen allerdings schafften es immer, den Apparaten eine unvorhersehbare Reaktion zu entlocken.

Weder die äußere Erscheinung noch irgendeine Form von Kennzeichnung wies darauf hin, wofür die außerirdischen Gegenstände jeweils gedacht waren. Das fanden die Wissenschaftler meist eher zufällig heraus. Die altbewährten Herleitungsmethoden versagten, wenn es darum ging, die Funktion des jeweiligen Objekts zu ermitteln. Die Wissenschaftler mussten herumprobieren und taten dies oftmals ungeschickt und unbeholfen. Viele Entdeckungen ergaben sich dadurch, dass die Forscher den jeweiligen Gegenstand auf ein Tier legten oder in seiner Nähe platzierten und darauf warteten, dass etwas geschah. Eine Reaktion des Gegenstands konnte sofort oder erst Stunden später eintreten, und manchmal dauerte es mehr als einen Tag, bevor der jeweilige Apparat sich entschloss, etwas zu tun. Die Studienobjekte, tierische wie menschliche, wurden während des Vorgangs nicht narkotisiert, weil dies die Versuche zu beeinträchtigen schien. Manchmal wurde der außerirdische Gegenstand mit Riemen, Klammern oder Klebeband direkt am Testobjekt befestigt oder aber von einem der Wissenschaftler gehalten. Das Festhalten eines Gegenstands barg allerdings ebenfalls Tücken, da der Gegenstand seine „Funktion“ dann oft nicht am Probanden, sondern am Wissenschaftler demonstrierte, was „kein schöner Anblick war“, wie es in einem Memo hieß.

In inaktivem Zustand waren die Gegenstände meistens kugelförmig und ähnelten schwarzen Kugellagern, aber es gab auch andere Formen und Farben, die sie annahmen, wenn sie nicht aktiv waren. Die meisten der Geräte waren kleiner als ein Tennisball, aber größer als ein Golfball. Ständig tauchten neue Gegenstände auf, während andere verschwanden. Ein Großteil von ihnen war in inaktivem Zustand schwarz. Andere dagegen waren bunt oder durchscheinend und farblos. Einige der Apparate sogen bei Berührung förmlich die Wärme aus den Fingerspitzen, und es gab Fälle, in denen Wissenschaftler Teile ihrer Finger durch Erfrierungen oder fremdartige außerirdische Strahlung verloren. Manchmal war das physikalische Gewicht (das sich den Unterlagen zufolge nur „widerspenstig" messen ließ) der Gegenstände so hoch, dass die Wissenschaftler sie nicht heben oder auch nur bewegen konnten, selbst nicht mit Hilfe von anderen Geräten. Dann wieder waren die Apparate leichter als Luft und schwebten durch das Labor wie Heliumballons auf einem Kindergeburtstag.

Die Experimente an Tieren ergaben, dass einige der Instrumente schon reagierten, wenn sie auf zwei, drei Zentimeter an das Versuchsobjekt herangeführt wurden, während andere direkten Kontakt erforderten. Als Aktivierung wurde praktisch alles angesehen, von der Veränderung von Farbe, Größe und Form bis hin zur Ausführung einer bestimmten Funktion am Tier (z.B. dem Entfernen eines bestimmten Körperteils, der Durchführung einer Biopsie oder einer anderen, für die Wissenschaftler unverständlichen Aktion). Was genau die außerirdischen Instrumente taten, war den Forschern anfangs unklar. In einigen der frühen Aufzeichnungen, die überdauert haben, ist zu lesen, dass die Objekte die Tiere verstümmelten, indem sie aus unerfindlichen Gründen Gewebe und manchmal sogar Organe entnahmen. Für die Versuche wurden nur gesunde Tiere genommen, und sie wären vielleicht gesund geblieben, wenn die Wissenschaftler gewusst hätten, wie sie das erzielte Ergebnis hätten rückgängig machen oder dem jeweiligen Gegenstand das gewünschte Resultat hätten vermitteln können. („Bitte den Kopf des Kaninchens hinterher wieder anbringen", zum Beispiel.)

In den 1940er Jahren war es durchaus nicht verboten, an Menschen zu experimentieren, und wie in vielen anderen Ländern wurden derartige Versuche auch in den USA durchgeführt, wenn auch im Geheimen. Aber noch bevor man die außerirdischen Gegenstände an menschlichen Versuchskaninchen testete, verstümmelten sich einige der Wissenschaftler, die mit den Objekten herumexperimentierten, versehentlich selbst, manche erlagen sogar ihren Verletzungen. Als das Programm noch in den Kinderschuhen steckte, wurden Unfälle noch „offiziell" vermerkt, aber im Laufe der Zeit wurde es zunehmend stiller darum, und Informationen wurden nur noch „inoffiziell" per Mundpropaganda weitergegeben. Es war verboten, sich Notizen über bestimmte Dinge zu machen, aber einige Wissenschaftler taten es dennoch. Informationen, die niedergeschrieben oder mittels Tonband und Photoapparat festgehalten wurden, waren nicht für den Austausch mit den wissenschaftlichen Kollegen gedacht, sondern mussten ohne Umweg dem Komitee ausgehändigt werden. Wie viele der Wissenschaftler durch die außerirdischen Gerätschaften ihr Leben verloren, wird daher nie geklärt werden können.

Die erste Verletzung ereignete sich gleich zu Beginn des Programms – ein Metallurg, der das skurrile Verhalten eines außerirdischen Metalls während der Transformation beobachtete, war das Opfer. Zusammen mit einem Kollegen untersuchte er einige außerirdische Geräte, die ihnen morgens zugeteilt worden waren. Die Wissenschaftler, die mit den außerirdischen Apparaten experimentierten, waren in einem anderen Gebäude als dem untergebracht, das das Raumschiff beherbergte. (Teilen und dennoch kooperieren, lautete das Motto.) Durch die Entfernung zwischen Raumschiff und Geräten hofften die Wissenschaftler, eine mögliche Wechselwirkung oder Beeinflussung zwischen Schiff und Gegenständen zu unterbinden. Man fürchtete, dass das Raumschiff weiterhin mit den Objekten kommunizieren könnte. Ein weiterer Grund dafür, die Experimente außerhalb des Raumschiffs durchzuführen, war, dass das Schiff zu seltsam war, um darin arbeiten zu können. Es war, als wäre „Alice im Wunderland“ Wirklichkeit geworden. Es war so gut wie unmöglich für die Wissenschaftler, konstruktive Ergebnisse zu erzielen, während allerlei sonderbare Wesen um sie herumsprangen und sie ablenkten.

Der Metallurg und sein Kollege hatten die außerirdischen Objekte in ihrem Labor auf einem großen Tisch ausgebreitet. Mittendrin setzten sie ein Kaninchen aus, um zu sehen, ob die Gegenwart des Tiers vielleicht einen der Gegenstände aktivierte. Sie beobachteten, warteten und achteten auf jede noch so kleine Reaktion der Objekte, während das Kaninchen die Salatblätter fraß, die strategisch geschickt so ausgelegt worden waren, dass das Tier sich allen Gegenständen nähern musste. Das Kaninchen schien nicht im Mindesten beunruhigt von den außerirdischen Apparaten, nicht ahnend, dass jedes der Geräte es in Sekundenschnelle packen, häuten, ausweiden und kochen mochte. Es war eine Arbeit voller versteckter Gefahren, aber dafür hatten die Wissenschaftler häufig Braten auf dem Teller.

Da die Wissenschaftler wussten, wie gefährlich der Umgang mit diesen brisanten Objekten war, ist es unverständlich, dass einige dennoch Risiken eingingen. Während das Kaninchen über den Tisch hoppelte, bemerkten der Metallurg und sein Kollege, dass eines der Objekte seine Farbe änderte, als das Tier in dessen Nähe kam. In dem Glauben, dass das Metall gleich seine Form ändern würde, nahm der Metallurg den Gegenstand in die Hand, um zu spüren, was da geschah. Das Metall vibrierte, und der Mann nahm es mit hinüber zu seinem Schreibtisch, weil dort das Licht besser war. Als er es unter die Schreibtischlampe hielt, um es genauer zu begutachten, kam sein Gesicht versehentlich mit dem Objekt in Berührung. Sofort war es aktiviert und schälte einen Augapfel des Mannes heraus. Es war geschehen, bevor er das Gerät fallen lassen konnte; das Objekt hielt seinen Augapfel fest in seiner schaufelartigen Kralle umschlossen. Sein Kollege sah, was passiert war, und dachte, das außerirdische Gerät habe den Metallurgen angegriffen. Er rief den Wachposten herbei, der vor dem Raum im Flur stand. Mit sichtlichem Widerwillen griff dieser nach dem Instrument, das nach wie vor den Augapfel hielt, und entwand es der Hand des verletzten Metallurgen, der es schließlich losließ und benommen zusammenbrach, als sei er niedergeschlagen worden. Aus der Augenhöhle lief kein Blut, aber der Mann litt große Schmerzen und stand unter Schock. Sein Kollege wusste nicht so recht, was er mit dem Augapfel tun sollte. Er wies den Wachposten an, bei dem Verletzten zu bleiben, und brachte Instrument und Augapfel in den Pausenraum, wo er beides vorerst in den Kühlschrank legte.

Das Auge war nicht zu retten, obwohl es in keiner Weise beschädigt worden war. Die Ärzte, die den verletzten Mann untersuchten, waren sprachlos angesichts der Präzision, mit der der Augapfel entfernt worden war. Kein Arzt und keine ihnen bekannte Technik hätte eine solche Operation ausführen können. Das außerirdische Instrument aber hatte diese komplexe Prozedur in Sekundenbruchteilen eigenständig ausgeführt. Es hatte sämtliche Blutgefäße verödet, ohne Augenhöhle oder Augapfel zu beschädigen.

Objekte verschwinden

Schon in der ersten Woche, in der die Wissenschaftler zu experimentieren begannen, verschwanden immer wieder einige der außerirdischen Objekte. Zunächst glaubte man, dass einer der Wissenschaftler sich einen Scherz erlaubte, die Dinge aus den Laboren stibitzte und wieder zurück ins Raumschiff brachte. Das aber konnte nicht sein, da sämtliche Labore durch Schließsysteme mit persönlichem Code gesichert waren und keiner der Räume aufgebrochen worden war. Die Wissenschaftler waren ratlos, doch nach einigen Wochen ergab sich ein Muster beim Verschwinden der Objekte: Alle Gegenstände – ganz gleich, wo sie sich befanden, ob in einem anderen Landesteil oder gar in einem anderen Teil der Welt – verschwanden exakt drei Tage, nachdem sie aus dem Raumschiff entfernt worden waren, und fanden sich zu exakt demselben Zeitpunkt auf dem Schiff wieder, an dem sie aus diesem entfernt worden waren (oder zumindest zum ungefähr gleichen Zeitpunkt, denn die Zeitmessung erwies sich an Bord des Schiffs als heikle Angelegenheit). Wie die Wissenschaftler bereits vermutet hatten, blieb das Raumschiff mit den Gegenständen, die ihm entnommen worden waren, in Verbindung, unabhängig davon, wo genau oder wie weit entfernt vom Mutterschiff die Objekte waren. In dem Raumschiff steckte so viel Magie, dass es den Wissenschaftlern praktisch unmöglich war, sich auf ihre Arbeit zu konzentrieren. Manchmal zeigten sie Anzeichen einer Psychose. Ihr Zustand schwankte zwischen glückseligem Taumel und

Niedergeschlagenheit, die in tiefe Verzweiflung münden konnte. Mehrmals kam es vor, dass die Wachen herbeigerufen werden mussten, um einen aggressiven Wissenschaftler zu bändigen, der einen seiner Assistenten haltlos beschuldigte oder absurde Forderungen stellte. Ein Wissenschaftler verlangte beispielsweise von einem Kollegen, niederzuknien und ihm den Fingerring zu küssen, und als dieser der Aufforderung nicht nachkam, verfiel er in hysterische Weinkrämpfe. Ein anderer drohte, die Familie eines Kollegen umzubringen, sollte dieser ihm keine Geburtstagskarte schicken. Zwei andere spielten wie Kinder, sangen und klatschten dabei in die Hände, wobei sie mit imaginären Spielgefährten sprachen.

Dies waren nur einige von vielen seltsamen Vorkommnissen im Rahmen des Geheimprojekts. Dabei handelte es sich keineswegs um Anwandlungen gelangweilter Wissenschaftler, die mit ihren Kollegen herumalberten – viele der Betroffenen mussten in Gewahrsam genommen und vom Stützpunkt gebracht werden. Manche erholten sich nach einigen Tagen oder Wochen, aber es gab auch Fälle, in denen der Betroffene dauerhaft eingewiesen werden musste.

Es sollte den Wissenschaftlern nie gelingen, die außerirdischen Instrumente zu beherrschen, denn die Instrumente schienen mit ihren Benutzern zu spielen. Die Objekte sprachen zwar nicht, zumindest nicht verbal – doch wäre selbst das nicht weiter überraschend gewesen, da sie ansonsten alles zu können schienen. Ja, sie konnten sogar außersensorische Botschaften an andere Geräte und die Techniker übertragen.

Hellseher nehmen sich des Rätsels an

Das Komitee versuchte schließlich, zumindest einige der außerirdischen Rätsel mit Hilfe von medial veranlagten Personen zu lösen. Man nahm an, dass sich ein Hellseher nicht so sehr von der paranormalen Atmosphäre einschüchtern lassen würde, die bodenständigere Menschen wie die Wissenschaftler schlicht überforderte. Doch von Anfang an waren viele der Hellseher ebenfalls mit dem überfordert, was man ihnen zeigte, und kamen mit bestimmten

Situationen sogar weit weniger zurecht als die Wissenschaftler. Einige der Hellseher „drehten durch", wie ein Wissenschaftler sich ausdrückte. Nur Wenige überwanden den anfänglichen Schock und konnten tatsächlich mit den außerirdischen Objekten kommunizieren, aber es dauerte nicht lange, bis über die Hälfte der Hellseher eine Psychose entwickelt hatte und aus dem Programm entlassen werden musste.

An derart streng geheimen Projekten arbeiten die Wissenschaftler stets in Gruppen mit verschiedenen Wissensgraden. Einige kennen die Wahrheit und wissen, woher ihre Forschungsobjekte stammen; andere werden darüber im Dunkeln gelassen und glauben, dass sie an hochfortschrittlichen wissenschaftlichen Projekten von Militär oder Privatwirtschaft mitwirken, die auf menschlicher Technologie beruhen. Von den über dreißig Gruppen, die an dem hier beschriebenen Programm beteiligt waren, stand keine mit einer anderen in Kontakt oder wusste auch nur etwas von der Existenz anderer Gruppen. Alle Gruppen unterstanden unmittelbar einem einzigen Komitee, an das sie ihre Ergebnisse weitergaben.

In jeder Einheit waren je zwei bis drei Experten aus verschiedenen Bereichen wie zum Beispiel Physik, Medizin, Maschinenbau, Psychiatrie, Astronomie, Parapsychologie, Mathematik und selbst aus dem Klerus. Das Komitee, dem diese Spezialisten unterstanden, bestand aus sieben Personen. Im Laufe der Jahre variierte diese Zahl, wie auch die Anzahl der Wissenschaftler pro Gruppe. Einige der Komiteemitglieder waren Angehörige des Militärs, das sie auch repräsentierten. Die Übrigen waren Zivilisten. Alle wurden persönlich vom Präsidenten der Vereinigten Staaten rekrutiert (was sich in den 1960er Jahren änderte, und niemand weiß, wer diese Leute heute einstellt).

Nach den ersten Berichten der Wissenschaftler war sich das Komitee darüber einig, dass die Außerirdischen – wie auch immer diese geartet waren – den Menschen das Raumschiff samt Inhalt quasi als Geschenk überlassen hatten. Allerdings womöglich als eine Art Trojanisches Pferd, wie Einige im Komitee befürchteten. Das Komitee wusste, dass das Raumschiff wie auch die Gegenstände an Bord selbstständig handeln konnten, und war sich daher bewusst, dass die Außerirdischen ihr Schiff jederzeit hätten zurückholen können. Warum also taten sie es nicht? Das Raumschiff konnte sichtlich auch ohne eine außerirdische Crew agieren, und einige Mitglieder des Komitees glaubten, die Objekte an Bord selbst seien diese Crew.

Dem Komitee war klar, dass sich das Raumschiff, nachdem es sich selbst repariert hatte, hätte davonmachen können, ohne dass irgendwer es hätte aufhalten können. Die Männer fragten sich, warum ihnen gestattet wurde, das Schiff zu behalten. Das Komitee hatte die Aufgabe, die Schwachstellen des Raumschiffs ausfindig zu machen. Aber je länger es forschte, desto deutlicher wurde, wie rückständig die menschliche Technologie im Vergleich zu der außerirdischen war. Ein Wissenschaftler bemerkte in einem Memo: „Die menschliche und die außerirdische Technologie lassen sich einfach nicht vergleichen. Wir Menschen sind bloße Eizellen, während die Außerirdischen Einstein im n-ten Grad verkörpern." Aus diesem Grund konnte es sich kein amerikanischer Präsident seit Harry Truman erlauben, die Existenz von UFOs einzuräumen. Sie alle sahen sich gezwungen, sie abzustreiten, denn niemand mochte der Welt eröffnen, dass auf unserem Planeten Außerirdische aus anderen Welten gelandet waren, die die menschliche Spezies praktisch wie eine Mücke hätten zerquetschen können.

Zwei der Hellseher, die an dem Programm teilnahmen, schafften, was ihren Kollegen nicht gelungen war: Nach anfänglichen Fehlschlägen gelang es ihnen schließlich, die komplexe Funktionsweise von einigen der außerirdischen Objekte zu begreifen. Die Hellseher kommunizierten telepathisch mit den Objekten, auf einer aus außerirdischer Sicht wahrscheinlich recht primitiven Ebene. Es war so, als stellten Erstklässler einem Universitätsprofessor Fragen. Die Professoren (die außerirdischen Gegenstände) schienen belustigt, versuchten manchmal aber trotzdem, den Erstklässlern (den Hellsehern) die komplexen Sachverhalte zu erklären. Große Entdeckungen werden aber stets in vielen kleinen Schritten gemacht, und im Laufe der Jahre ergaben die vielen kleinen Schritte allmählich ein großes Ganzes, wie die Teile eines Puzzles.

Einer dieser kleinen Schritte verhalf den Wissenschaftlern zu einem Durchbruch. Sie entschlüsselten das Geheimnis einer bestimmten Gruppe unter den außerirdischen Gegenständen, vor der die meisten Forscher schon kapituliert hatten. Eines dieser Objekte ließ Öffnungen entstehen, wo keine waren. Mit seiner Hilfe konnte man durch Wände und andere Hindernisse gehen, unabhängig davon, wie dick oder aus welchem Material diese waren. Alle bekannten künstlichen wie natürlichen Materialien sprachen auf diesen außerirdischen „Allesöffner" an, und seine Bedienung war denkbar einfach. Die Wissenschaftler mussten einfach durch das jeweilige Hindernis hindurchwollen, während sie den sonderbaren Gegenstand bei sich trugen. Dieses Objekt veränderte seine Gestalt nicht, wie viele der anderen es taten. Es hatte etwa die Form eines Kreidestücks, wie es in Schulen gebräuchlich ist, nur dass es schwarz war. Es war, als habe das Objekt eine stark absorbierende Wirkung. Die Person, die es in der Hand hielt, hatte das Gefühl, als könne sie jeden Moment von dem Gegenstand aufgesogen werden, so als sei dieser ein kleines Schwarzes Loch. Wurde das Objekt aktiviert, leuchteten die Lampen im näheren Umfeld plötzlich weniger stark; es schien beinahe, als entziehe das Ding seiner Umgebung Energie. Beeinflusst wurden alle Elektrogeräte wie

Messinstrumente, Fernseher, Radios, Lampen und in gewissem Maße auch Menschen und Tiere – da auch diese leicht elektrisch sind. Der Gegenstand entzog seinem Umfeld auch Wärme; wo auch immer er verwendet wurde, fühlte es sich an, als ziehe gerade eine Kaltfront durch. Die Wissenschaftler, die das Objekt benutzten, zogen sich oft entsprechend warm an, und wenn es draußen heiß und stickig war, war dies nicht gerade ein Vergnügen. Wer das Objekt in der Hand hielt, hatte das Gefühl, als sauge es an ihm, ähnlich einem Staubsaugerrohr auf nackter Haut.

Ein anderes interessantes Gerät, das die Hellseher zum Leben erwecken konnten, diente dazu, Mensch oder Tier bewegungsunfähig zu machen und das Opfer für unbestimmte Zeit zu lähmen. Das Gerät sah aus wie ein Laserpointer, wobei der Lichtstrahl aber nur einen knappen Meter lang war und dann abrupt endete, so wie die kleine Version eines Lichtschwerts aus „Star Wars“. Das außerirdische Lichtschwert lähmte Mensch wie Tier in dem Moment, in dem das Licht auf den Schädel traf. Trotz der Lähmung war das Opfer bei vollem Bewusstsein, konnte aber, abgesehen von den Augenlidern, nichts bewegen. Personen, die von dem Strahl getroffen wurden, erstarrten buchstäblich mitten in der Bewegung, und oft mussten Leute herbeieilen, sie auffangen und vorsichtig auf den Boden betten, damit sie sich nicht verletzten. Die Lähmung hielt an, solange der Lichtstrahl Kontakt zum Kopf des Betreffenden hatte. Wurde der Strahl entfernt, konnte sich die Person innerhalb von ein bis zwei Minuten wieder bewegen. Auch litten die Betroffenen stets unter einer milden Form von Gedächtnisschwund und Desorientierung; sie konnten sich nie daran erinnern, was unmittelbar vor, während und nach der Lähmung geschehen war. Ein Wissenschaftler, der während eines Experiments gelähmt wurde, beschrieb ein schrilles Ohrensausen und leichten Schwindel. Beides war binnen einer Minute, nachdem der Strahl von seinem Kopf weggelenkt worden war, verschwunden.

Jeder neue Durchbruch schürte das Verlangen des Komitees nach weiteren, und wenn die Zahl der Entdeckungen nachließ, wurde es ungeduldig. Während einer dieser Flauten zog das Komitee erstmals ernsthaft in Erwägung, Zivilisten als Versuchskaninchen zu benutzen. Die Hellseher zeitigten nicht so kontinuierlich Erfolge, wie das Komitee gehofft hatte, sodass Wissenschaftler und Techniker oft nicht ausgelastet waren. Das war angesichts der vielen außerirdischen Gegenstände, die noch darauf warteten, ihr Geheimnis preiszugeben, ein nicht hinnehmbarer Zustand. Die Hellseher unter Druck zu setzen, führte aber nur dazu, dass sie zusehends überlastet waren und ausfielen, und qualifizierter Ersatz war nur schwer zu beschaffen. Daher sah man sich nach Alternativen um. Wären die Hellseher schneller vorangekommen, hätte das Komitee vielleicht nicht die furchtbare Entscheidung getroffen, zu der es sich unter den gegebenen Umständen gezwungen sah: Experimente an ahnungslosen Zivilisten.

Die Entscheidung, Experimente an der Bevölkerung durchzuführen, stellte einige der Komiteemitglieder vor ein Dilemma. Wie würden sie mit diesem Wissen nachts schlafen können? Wobei diese Frage nur die moralische Komponente des Problems darstellte. Es würde vor allem auch rechtliche Folgen haben, falls diese Missetat eines Tages ans Licht kommen sollte. Die Legalität des Ganzen war der eigentliche Knackpunkt: Würde man sie als Kriminelle oder als Monster verurteilen – oder gar als beides? Derartige Fragen wurden lauter, je näher das Ende der 1940er heranrückte, in denen die Missachtung der Menschenrechte noch relativ leicht zu vertuschen war und von einigen Regierungen durchaus in Kauf genommen wurde. Als diese Ära, die vor allem das „übergeordnete Wohl“ im Auge hatte, dann in die 1950er, 1960er und 1970er überging, schlug die allgemeine Stimmung in Amerika um. Die Big-Brother-Institutionen der Regierung galten nicht länger als die Wohltäter der Nation, sondern wurden mit offenem Argwohn beäugt. Als Folge des Vietnamkriegs begegneten die Amerikaner Militär und Regierung plötzlich mit Zynismus und einem allgemeinen Misstrauen.

Selbst die abgebrühtesten unter den Komiteemitgliedern rechneten damit, dass es nur eine Frage der Zeit war, bis die Geheimorganisation auffliegen würde. „Wenn dieser Tag kommt, werden Köpfe rollen wie bei der Französischen Revolution mit der Guillotine“, prophezeite einer der Wissenschaftler in seinem Bericht. Niemand glaubte, dass dies noch zu ihren Lebzeiten geschähe, aber sicher waren sie sich dessen nicht.

Eine Patentlösung für dieses Problem lag in weiter Ferne, zumal das Komitee sich in dieser Frage in zwei unversöhnliche Lager gespalten hatte. Es wurde befürchtet, dass dieses Zerwürfnis eines der Mitglieder dazu bewegen könnte, Informationen an die Presse durchsickern zu lassen.

Die Frage, ob man unwissende Menschen für Versuche heranziehen sollte oder nicht, kochte in den 1970ern hoch, war aber schon zu Beginn des geheimen Programms ein Thema. Nachdem man gegen Ende der 1940er Jahre verschiedene Möglichkeiten von Versuchen am Menschen in Betracht gezogen hatte, kam das erste Komitee auf eine recht einfache Lösung: Es würde die außerirdischen Geräte im Krieg erproben. Der Vorschlag ging von zwei Militärs aus, die zum Komitee gehörten. Sie unterbreiteten ihn ihren Kollegen nach einem Briefing im Weißen Haus beim Präsidenten und seinem Generalstab. Bei dem Treffen hatten sie nämlich erfahren, dass ein Krieg gegen Korea so gut wie sicher war und dass dieser Krieg gleich mehrere Probleme lösen würde. Das Komitee bekäme die Möglichkeit, nahe der Front mobile Lazarette zu unterhalten, in die man nur die Schwerstverletzten bringen würde. In

Kriegsgebieten lässt sich viel vertuschen, wenn man dafür die offensichtlichen Gefahren in Kauf nimmt. Kaum jemandem im Komitee gefiel die Aussicht, sich in das Kriegsgebiet zu begeben oder die Wissenschaftler dorthin zu schicken.

Tote Soldaten reden nicht, so lautete das Fazit. Geheimhaltung stand an erster Stelle, und Frischfleisch wurde in der Hölle des Krieges reichlich geliefert. Tödlich verwundete Soldaten zu missbrauchen wurde damals als genauso schändlich empfunden wie heute – sofern es sich um die eigenen handelte. Das Komitee verwendete für seine Experimente, die „dem Wohle der Menschheit" dienen sollten, Soldaten und andere Kriegsopfer, wobei nur die Verwundeten genommen wurden, deren Überlebenschancen schlecht standen.

Der Krieg verhalf den Wissenschaftlern zu einer Vielzahl an Möglichkeiten. Sie konnten an gefangenen und verwundeten feindlichen Soldaten experimentieren. Getestet wurde auch, ob die außerirdischen Geräte waffentauglich waren.

Bevor die Operation aber beginnen konnte, galt es einige Hindernisse aus dem Weg zu räumen. Alle drei Tage tauchten die Objekte von selbst wieder im Raumschiff auf, und daher musste man das Schiff näher an das Kriegsgebiet heranschaffen. Das wiederum führte zu neuen Problemen. Es gab eine ganze Reihe unzusammenhängender Forschungsprogramme, die das Raumschiff dort brauchten, wo es war (der genaue Ort wurde nicht genannt). Experimente an Menschen waren in all den Jahren nur ein Teilaspekt des Programms um das außerirdische Raumschiff. Der Versuch, andere interessierte Institutionen beim Rennen um das Schiff auszustechen, erwies sich als strategischer Albtraum, und in dem Gerangel wurde vielen Personen auf die Füße getreten. Herauszufinden, wie und in welchem Ausmaß sich die außerirdischen Objekte auf die menschliche Anatomie auswirkten, war den Machthabern aber letztlich am wichtigsten. Daher erhielt die damit beschäftigte Forschergruppe den Zuschlag für das Raumschiff, und als die Wissenschaftler in die Ferne geschickt wurden, nahmen sie das Raumschiff mit.

Sie wurden nach Okinawa geschickt. Die japanische Inselgruppe Okinawa war nur wenige Flugminuten von Korea entfernt, und dort befand sich bereits eine Übermacht des amerikanischen Militärs. Damals war Okinawa nach der japanischen Niederlage im Zweiten Weltkrieg in der Hand der Amerikaner. Mit Hilfe der amerikanischen Regierung kam es auf der japanischen Hauptinsel und einigen der kleineren Inselgruppen zu massiven Veränderungen in der Wirtschaft und Infrastruktur. Dass auf Okinawa eine hochgeheime Operation vorbereitet wurde, fiel dadurch niemandem auf.

In Japan waren auch amerikanische Wissenschaftler stationiert, die untersuchten, wie sich die Atombombenstrahlung auf die Opfer auswirkte. Der Atombombenabwurf auf Nagasaki und Hiroshima 1945 lag erst fünf Jahre zurück, und als das UFO-Komitee 1950 in diesem Gebiet sein Hauptquartier aufschlug, waren die verheerenden Folgen noch immer sichtbar. Wo genau das Komitee sich einrichtete, wurde nie bekannt; jedenfalls blieb es nur für die Dauer des Koreakriegs dort. Einige im Komitee empfanden Mitleid für die japanische Bevölkerung, nachdem sie gesehen hatten, was die Atombomben angerichtet hatten. Sie hofften, genug über die außerirdischen Geräte herauszufinden, um die Strahlenschäden an tausenden Japanern zumindest teilweise ungeschehen zu machen. An den Japanern experimentierten sie nicht. Stattdessen warteten sie, bis ihnen hinreichende Beweise für die jeweilige Funktion der außerirdischen Instrumente vorlagen, bevor sie sich daranmachten, die Bevölkerung mit der außerirdischen Technologie zu behandeln.

Dort, mitten im Krieg, wo die Welt tagtäglich ein Feuerwerk aus Tod, Elend und Brutalität war, hatten nur wenige Komiteemitglieder Skrupel bei dem, was sie taten. Sie wussten, dass der Menschheit mit diesem außerirdischen Raumschiff und seinen ungeahnten Möglichkeiten ein großes Geschenk gemacht worden war, und ihre Aufgabe war es nun, die Objekte nutzbringend anzuwenden. Einige Komiteemitglieder allerdings fürchteten, dass die Objekte als Waffe missbraucht werden könnten und dadurch ein Albtraumszenario in Gang setzen würden, das den Schrecken des Atombombenabwurfs über Japan weit in den Schatten stellte.

Wie das Komitee schon aufgrund von Informationen durch gewisse Quellen innerhalb ihrer Organisation erwartet hatte, marschierten die von den Sowjets ausgebildeten nordkoreanischen Streitkräfte im Sommer 1950 in Südkorea ein. Wenige Tage nach der Invasion griffen die Truppen der Vereinten

Nationen unter Führung von General MacArthur in das Kriegsgeschehen ein und schlugen die Nordkoreaner hinter den 38. Breitengrad zurück.

Zweieinhalb Jahre zuvor war das Komitee in den Besitz des außerirdischen Raumschiffs gelangt. Nun, da der Krieg begonnen hatte, stand es kurz davor, einige der phantastischsten Geheimnisse des Universums zu lüften.

Die Operation verlief nicht glatt. Man hatte das Camp kaum aufgebaut, da wurden die Wissenschaftler auch schon von nordkoreanischen Truppen überrannt. Mehr als einmal kam es zu Zwischenfällen, bei denen sie Ärzte, Techniker und auch außerirdische Instrumente einbüßten. Die Instrumente allerdings tauchten jedesmal nach drei Tagen wieder unversehrt im Raumschiff auf – im Gegensatz zu den Wissenschaftlern.

Die Experimente verliefen recht planlos. Der Druck aufgrund der Tatsache, dass sie nur wenige Minuten von der Front entfernt war und jederzeit mit einem feindlichen Übergriff rechnen musste, setzte der Belegschaft zu. Nur wenige Monate des dreijährigen Kriegs waren produktiv. Der Großteil der Forschungsergebnisse ging während der zahlreichen

Umzüge des Camps verloren oder wurde vernichtet, als die Einrichtung unter feindlichen Beschuss geriet. Vieles von dem, was gerettet werden konnte, galt als fragwürdig, weil es unter derart rigorosen Bedingungen zustande gekommen war.

Das Forscherteam hatte beschlossen, nahe der Front zu arbeiten, damit es an verletzten Soldaten experimentieren konnte, die direkt vom Schlachtfeld kamen und noch genügend Leben in sich hatten. Das mobile Lazarett erfüllte durchaus seinen eigentlichen Zweck; es versorgte verwundete Soldaten, ohne sie für Versuche heranzuziehen. Experimente führten die Wissenschaftler und Ärzte nur an den Soldaten durch, für die es keine Hoffnung mehr gab.

Dennoch wurden während dieser Jahre Fortschritte erzielt. So konnte das Komitee einen Durchbruch verzeichnen, als es herausfand, dass einige der außerirdischen Instrumente Malaria, Ruhr und Erfrierungen heilten und komplizierte Operationen am Auge durchführten, wodurch so manchem das Augenlicht gerettet wurde. Einem Bericht zufolge genasen hunderte Menschen auf wundersame Weise von allen nur erdenklichen Krankheiten und

Kriegsverletzungen, ohne dass die Wissenschaftler Zeit oder Mittel hatten, den Weg zu diesen Erfolgen zu dokumentieren. Auf diese Weise wurde sowohl nord- und südkoreanischen Flüchtlingen als auch Soldaten beider Seiten geholfen.

Das damalige Komitee wusste nicht, inwiefern oder in welchem Ausmaß die außerirdischen Geräte auch als Waffe eingesetzt wurden, ja es wusste nicht einmal, dass dies überhaupt geschah. Die Waffentests wurden von anderen geheimen Einheiten durchgeführt und waren anderen Komitees unterstellt.

Der Präsident der Vereinigten Staaten wurde täglich über alle Ergebnisse des Projekts informiert. Er erhielt eine Zusammenfassung des Komitees, in der die wichtigeren Entdeckungen und Vorkommnisse detailliert beschrieben wurden. In dem Bericht wurden die jeweiligen Instrumente und einige ihrer Funktionen beschrieben. Ihm lagen auch Skizzen bei, die zeigten, wie die aktivierten Instrumente sich optisch veränderten, wenn sie „zauberten". Die Zeichnungen waren nicht sehr aussagekräftig, sondern stellten lediglich eine Momentaufnahme der Geräte in einem bestimmten Aktivitätsmodus dar.

Wandel war das einzig Beständige an den außerirdischen Instrumenten. Waren sie erst einmal aktiviert, wechselten sie ständig die Form und manchmal auch die Farbe. Ein Wissenschaftler schrieb, dass die Objekte in der Rasanz des Farbwechsels Tintenfischen und Chamäleons vergleichbar seien. Allen in den Berichten erwähnten Objekten wurde mindestens eine Funktion zugeschrieben, wobei aber betont wurde, dass jedes von ihnen möglicherweise dutzende, wenn nicht gar hunderte verschiedene Funktionen besitze.

In einem Bericht wurde herausgestellt, dass es Jahre dauern würde, um die Fähigkeiten dieser Objekte auch nur annähernd zu ergründen. Daher schlugen einige Komiteemitglieder dem Präsidenten vor, einige der Instrumente – die, die keine Gefahr für die nationale Sicherheit darstellten – für einen gewissen Zeitraum an zivile Forschungseinrichtungen weiterzureichen. Sie waren überzeugt davon, dass es an der Zeit sei, die gesamte Wissenschaft an einigen der außerirdischen Objekte teilhaben zu lassen. Etwas von dieser Größenordnung, so dachten sie, sollte von zahlreichen Institutionen untersucht werden, damit der Nutzen möglichst rasch und nicht erst in ferner Zukunft erschlossen werden könne, wie es unweigerlich der Fall wäre, wenn man weiterhin abgeschirmt von der zivilen Wissenschaft arbeitete.

Andere im Komitee waren dagegen, weil sie meinten, dass es sich bei dem Raumschiff um ein „Trojanisches Pferd" handeln könne. Sie argumentierten, dass die Außerirdischen die Menschheit möglicherweise zu dem Glauben verführen wollten, sie seien ihr wohlgesinnt – oder schlimmer, dass sie die Menschheit einzuschüchtern versuchten, indem sie ihr vor Augen hielten, wozu sie in der Lage seien.

Der Präsident wurde von der Meinung der beiden Lager in Kenntnis gesetzt und entschied, dass es politisch unklug sei, die Existenz einer Macht einzugestehen, die allem auf der Erde unendlich überlegen sei. Als Grund dafür gab er gegenüber dem Komitee an, dass „das Gefühl von Gleichgewicht und Sicherheit, das das amerikanische Volk genießt, von einer solchen Enthüllung gestört werden könnte, was wiederum der amerikanischen Wirtschaft schaden und zuerst sie und schließlich die ganze Welt ins Chaos stürzen könnte". Er betonte, dass er keineswegs „melodramatisch" handle. Die Außerirdischen seien zu fremdartig und undurchschaubar und die Bevölkerung einfach noch nicht bereit für ein solches Phänomen. „Das Komitee sowie alle ihm unterstellten Abteilungen werden künftig noch stärker – und nicht etwa weniger – abgeschottet werden", fügte er an.

Es war kein Zufall, dass das Militärbudget Amerikas mit jedem neuen Präsidenten angehoben wurde. Der wahre Grund dafür war die Entdeckung des außerirdischen Raumschiffs 1947; der Kalte Krieg mit der Sowjetunion war eher ein Ablenkungsmanöver und nicht etwa ein Zeichen der Angst vor dem Kommunismus. Nicht, dass Russland etwa nicht gefährlich gewesen wäre, das war durchaus der Fall – „man sollte sie im Auge behalten", wie es in einem Memo des Präsidenten hieß.

Nachdem das Raumschiff bei Roswell geborgen worden war, fürchteten sich viele in den oberen Rängen der amerikanischen Regierung mehr vor Dingen, die nicht von dieser Welt waren, als vor bedrohlichen irdischen Mächten. Die Sowjetunion aber war geradezu krankhaft misstrauisch gegenüber der westlichen Welt und betrachtete die USA als das einzige Land, das sie davon abhalten konnte, sich ganz Europa unter den Nagel zu reißen. Die Russen fassten die amerikanische Aufrüstung fälschlicherweise als Provokation auf, und so eskalierte der Kalte Krieg so sehr, dass die beiden Supermächte letztlich doch zu einer größeren Gefahr für diesen Planeten zu werden drohten als jede Gefahr aus dem All.

Die medizinischen Instrumente der Außerirdischen

Unter den außerirdischen Objekten, die in den Berichten aus dem Koreakrieg aufgeführt wurden, war auch ein rechteckiges Gerät mit glatten, abgerundeten Kanten. Es war zweieinhalb Zentimeter breit, fünf Zentimeter lang und etwa sechs Millimeter dick. (Einige der Objekte, so auch dieses, wechselten nicht so oft die Form wie die übrigen.) Das Gerät war leuchtend blau und so glatt, dass es einem aus den Fingern zu gleiten drohte. Es wurde als unglaublich schön beschrieben. „Es sah aus wie ein großer Edelstein, einer von der Sorte, die in jedem renommierten Juwelierladen jeden anderen Schmuck ausstechen“, bemerkte ein Komiteemitglied. Allerdings waren die Wissenschaftler von jedem der außerirdischen Gegenstände angetan, mit dem sie arbeiteten. Die Objekte waren allesamt verführerisch schön, was über die enorme – positive wie negative – Kraft hinwegtäuschte, die ihnen innewohnte.

Wenn der blaue edelsteinartige Gegenstand auf den Körper eines Menschen gelegt wurde, machte er Tumore ausfindig, sowohl gut- als auch bösartige. Hatte er einen Tumor entdeckt, erschien auf seiner bildschirmartigen Oberfläche eine exakte Darstellung davon. Es war eine dreidimensionale Darstellung, die sich langsam drehte und so von allen Seiten betrachtet werden konnte. Der Apparat musste nur einmal kurz mit der Haut in Berührung kommen. Er glitt dann einige Zentimeter darüber hinweg, und wenn er keine Tumoren oder krebsartigen Veränderungen feststellte, hielt er an, und auf dem Display erschien eine rätselhafte Botschaft. Das Objekt brauchte nicht den gesamten Körper zu scannen, um einen Tumor ausfindig zu machen – es erkannte eine betroffene Stelle, sobald es mit der

Haut in Kontakt kam. Wenn sich der Krebs bereits ausgebreitet hatte, bewegte sich der Apparat den Körper entlang, um die betroffenen Stellen zu bestimmen und vermutlich zu katalogisieren.

Die Wissenschaftler glaubten, dass der außerirdische Scanner die Stelle eines jeden Tumors ortete, alle dazugehörigen Daten erfasste und diese Informationen irgendwo speicherte. Aber sie fanden nie heraus, wie oder wo sie gespeichert wurden, ob das Objekt selbst sie enthielt oder ob es die Daten an das Raumschiff übermittelte.

Einige der Apparate, insbesondere die chirurgischen, hatten Ähnlichkeit mit irdischen Instrumenten. Oftmals erlebte der Chirurg eines Teams die Überraschung seines Lebens, wenn ein Instrument, das wie ein Skalpell ausgesehen hatte, sich während der Benutzung in etwas völlig anderes verwandelte. In einem der Koreakrieg-Berichte ist von einem Gegenstand die Rede, der eher wie ein Küchenutensil wirkte – wie ein Käsehobel, und nicht wie ein chirurgisches Instrument. Es war ein Spatel, der in der Mitte einen Schlitz hatte und an einem zehn Zentimeter langen rohrartigen Griff saß. Das Objekt schien aus dem gleichen Material wie der Körperscanner gemacht zu sein, nur dass es von tiefroter Farbe war. Der spatelähnliche Teil des Instruments war etwa fünf Zentimeter breit und dreizehn Zentimeter lang. Es war dünner als eine Rasierklinge und entfernte mühelos die Haut von bestimmten Körperregionen, um sie an andere Stellen zu verpflanzen. Vernäht werden musste sie nicht; sobald die Haut an dem ihr zugedachten Platz war, verheilte die Wunde binnen fünf Minuten von selbst. Das Instrument beschleunigte den Heilungsprozess, indem es die Haut buchstäblich mit der Wunde verschweißte. Dabei war es nicht von Bedeutung, in welcher Verfassung sich der Patient befand – die Wunde heilte auch dann, wenn dieser noch weitere Verletzungen hatte oder an einer Krankheit wie Krebs oder Diabetes litt.

Mit Hilfe dieses Instruments konnte Haut auch von Patient zu Patient verpflanzt werden. Die Hautfarbe spielte dabei keine Rolle. Ganz gleich, ob die Haut von einem Menschen mit farbiger, kaukasischer oder asiatischer Abstammung kam, sie passte sich immer der des Empfängers an. Der Körper des Patienten, der die Haut empfing, stieß sie nie ab, sondern das verpflanzte Hautstück nahm immer die Farbe und Struktur der Haut des Patienten an, und zwar in demselben erstaunlichen Tempo, mit dem die Wunde heilte.

Viele der Fehlschläge und Verletzungen, zu denen es in der Anfangsphase des Programms kam, gingen nicht etwa darauf zurück, dass es den Ärzten und Wissenschaftlern an Sachkenntnis mangelte – im Gegenteil. Oft versuchten die Ärzte ein Instrument so einzusetzen, wie sie es aus ihrer Erfahrung kannten, und das hatte manchmal verheerende Folgen. Auch schienen Laune und innere Einstellung Einfluss darauf zu haben, ob und wie gut die Objekte funktionierten.

Auf einigen der Instrumente fand sich eine Kennzeichnung, aber wahrscheinlich war diese nicht bedeutsamer als die auf irdischen Werkzeugen und Instrumenten (zum Beispiel der Aufdruck von Handelsmarken). Wir brauchen ja auch keine schriftliche Anleitung zum Bedienen von Messer und Gabel, sondern lernen deren Umgang von anderen.

Eines der wohl seltsamsten Instrumente, auf die das Team stieß, war ein dreieckiges Objekt von der Größe einer Zweieuromünze. Wurde das Objekt einer Person auf den Kopf gelegt, verschmolz es umgehend mit dem Schädel, machte die Person bewusstlos, richtete sie auf und verschwand dann mitsamt dem Körper. Zunächst wurde vermutet, dass das Objekt die Person mit auf das Raumschiff nahm. (Dies war die Zeit vor „Star Trek", und daher kannte noch niemand die berühmten Worte: „Beam' mich rauf, Scotty".) Eines dieser Experimente wurde während des Koreakriegs an einem verwundeten Gefangenen durchgeführt. Das Raumschiff befand sich auf Okinawa, und die Wissenschaftler flogen dorthin, um nachzusehen, ob die Versuchsperson sich auf dem Schiff befand. Sie glaubten, weil alle außerirdischen Objekte mit dem Schiff in Verbindung blieben, hätten sie mit diesem kleinen Objekt vielleicht einen so einzigartigen wie schnellen Weg gefunden, von überall auf der Welt zum Raumschiff zurückzukehren. Aber die Versuchsperson war nicht an Bord des Raumschiffs. Drei Tage später tauchte zwar der dreieckige Gegenstand wieder auf, die Person jedoch blieb verschwunden. Die vorherrschende Theorie lautete, dass sie vielleicht auf ein anderes außerirdisches Raumschiff in der Erdumlaufbahn gebracht worden war; vielleicht auch ins Innere der Erde, wo einer der Hellseher einen Außenposten der

Außerirdischen vermutete. Ein anderer Hellseher gab an, der Körper der Versuchsperson sei in die Sonne geschossen worden, um ihn zu zerstören. Weshalb, vermochte er dem Komitee nicht zu sagen. Wie alle außerirdischen Gegenstände, mit denen die Wissenschaftler experimentierten, funktionierte auch das kleine dreieckige Objekt nur am lebenden Organismus.

Eine andere Theorie des Forscherteams, das den teuflischen Gegenstand untersuchte, lautete, dass die Seele bzw. das, was den Menschen ausmache, etwas damit zu tun haben könnte. Ein anderes Team untermauerte diese Theorie, als es im Rahmen seiner Experimente herausfand, dass die außerirdischen Instrumente sofort inaktiv wurden, sobald die Hirntätigkeit der Versuchsperson zusammenbrach. Ab dem Moment funktionierten die Instrumente nicht mehr. Selbst wenn die Person künstlich am Leben gehalten wurde, wurden die Objekte inaktiv, weil nicht länger Gehirnströme vorhanden waren. Alle außerirdischen Gegenstände hörten ausnahmslos auf zu funktionieren, sobald keine Gehirnwellenaktivität mehr nachweisbar war. Offenbar hatten die Außerirdischen nur die

Berechtigung, an Menschen zu experimentieren, solange sie diese am Leben ließen.

Es war dem Komitee schmerzhaft bewusst, dass die Außerirdischen mit den Menschen praktisch machen konnten, was sie wollten. Was aber wollten die Außerirdischen? Einige der Fragen des Komitees lauteten: „Wie viele Außerirdische befinden sich auf der Erde? Dutzende? Hunderte? Tausende gar? Wollen sie uns Menschen mitspielen lassen, indem sie uns eines ihrer Raumschiffe überlassen haben – ein Schiff, das mit übernatürlichen Instrumenten und Apparaten ausgestattet ist? Warum halten sie sich verborgen, anstatt offiziell Kontakt mit uns Erdlingen aufzunehmen? War der Absturz des Raumschiffs vielleicht nur inszeniert? Haben sie es getan, um sich uns – der schwachen, unterentwickelten Spezies – als unendlich überlegene Lebensform vorzustellen? Vielleicht wollten die Außerirdischen uns ja auf diesem Wege wissen lassen, dass wir einen direkten Kontakt mit ihnen nicht überlebt hätten oder nicht damit hätten umgehen können? Oder haben sie nur die Saat gesetzt, aus der einst unsere Vernichtung keimen wird? Könnte es sein, dass die Regierung noch andere Projekte unterhält, die wie dieses streng geheim gehalten werden? Und wenn ja, wie viele? Unterhalten auch andere Länder derartige Projekte?“ Es gab viele Fragen, aber nur wenige klare Antworten.

Als sich die einzelnen Teile des Puzzles langsam zusammensetzten, kam das Komitee zu dem Schluss, dass die Außerirdischen definitiv ein Interesse an der menschlichen Anatomie hegten. Bis zu welchem Grad dies der Fall war, vermochte allerdings niemand zu sagen. Konnte es, da viele der Instrumente eine heilsame Wirkung hatten, vielleicht sein, dass die Außerirdischen als eine Art Rettungsdienst hinter den Kulissen fungierten? Und wenn ja, warum gingen sie dann selektiv vor? Tausende von Menschen starben tagtäglich durch Unfälle oder Krankheiten, die leicht mit den Apparaten der Außerirdischen würden behandelt werden können.

Einige Monate lang schlug das Komitee einen gänzlich anderen Weg ein und diskutierte darüber, welches Ziel die Eindringlinge wohl verfolgten und was dies für die nationale Sicherheit bedeutete. Stellten die Außerirdischen eine Bedrohung für die USA und die Welt dar? Das herauszufinden war nun das vorrangige Ziel des Komitees. Es wurden zusätzliche Hellseher eingestellt, deren einzige Aufgabe darin bestand, Kontakt zu außerirdischen Wesen aufzunehmen.

Das Komitee hatte keinen Zugang zu den Außerirdischen, die bei der Bergung der Untertasse gefangen genommen worden waren. Anfangs war dies den Komiteemitgliedern egal – sie waren mit dem Raumschiff und dessen Inhalt vollkommen ausgelastet. Doch Ende der 1960er und Anfang der 1970er wollten die Männer unbedingt herausfinden, welcher Zusammenhang zwischen Besatzung und Schiff bestand. Die Außerirdischen verfügten offenbar über phantastisch anmutende Instrumente, aber welchem Zweck dienten diese Instrumente? Man verweigerte dem Komitee jeden Kontakt zu den Außerirdischen, die das Raumschiff geflogen hatten, ja man sagte den Männern nicht einmal, wo diese untergebracht waren oder ob sie überhaupt noch lebten. Um also Antworten zu bekommen, mussten sie sich ihre eigenen Außerirdischen suchen und sie befragen. Sie ließen die Hellseher in unterschiedlich großen Gruppen zusammenarbeiten, um zu sehen, ob diese nicht vielleicht ihre Kraft bündeln konnten, um mehr Erfolg beim Aufspüren von Außerirdischen zu haben. Als das aber nichts brachte und man wieder bei Null angelangt war, ließ man die Hellseher erneut alleine arbeiten. Von den sechs oder sieben Hellsehern des Teams schaffte es nur einer mit einer 65-prozentigen Genauigkeit, die Sichtung von Außerirdischen vorherzusagen, die übrigen lagen nicht ein einziges Mal richtig.

Während der 1960er und 1970er reisten die Mitglieder des Komitees quer durch die USA, Teile Europas und Südamerika, unablässig auf der Suche nach Außerirdischen. Ein Kontakt kam allerdings nie zustande, wenn sie auch mehrmals ein UFO sahen. Das Komitee photographierte die UFOs, jagte sie mit Kampfjets und Helikoptern, und wenn das Gelände es zuließ und sich keine Zivilisten in der Nähe befanden, versuchte es sogar, die UFOs abzuschießen. Eines dieser Raumschiffe vom Himmel zu holen, gelang den Männern nicht einmal annähernd, aber das war auch gar nicht ihre Absicht. Sie wollten die Außerirdischen lediglich zu einer Reaktion provozieren – dass diese zu erkennen gaben, sie bemerkt zu haben, indem sie Lichtsignale sendeten oder die Flugzeuge des Komitees mit einer

Strahlenwaffe abschossen, irgendetwas! „Bitte, tut doch was!“, soll ein frustriertes Komiteemitglied einmal gerufen haben.

Nachdem man zwei enttäuschende Jahrzehnte lang UFOs nur aus der Ferne gesehen hatte, ohne dass es je zu einem Kontakt gekommen war, beschloss das Komitee, seine Vorgehensweise zu ändern und sich auf die Personen und Orte zu konzentrieren, die die Außerirdischen aufsuchten. Die Komiteemitglieder durchstöberten Zeitungen und Boulevardblätter nach Geschichten über Entführungen durch Außerirdische. Sie interviewten sogar einige der berühmteren Entführungsopfer, fanden aber auch so keine Antwort auf ihre Fragen.

Zwar gehörte das Komitee zu einer geheimen Regierungsbehörde und verfügte über praktisch unbegrenzte finanzielle Mittel, hochrangige Informanten und Zugang zu einer Unzahl an öffentlichen und privaten Einrichtungen, aber dennoch wurden ihm dieselben Steine in den Weg gelegt wie allen, die als Verschlusssache geltende Informationen über Geheimprojekte erhalten wollten. Somit blieben andere verdeckt agierende Komitees, die mehr über Außerirdische wussten, unerreichbar.

Das Komitee wurde von der amerikanischen Luftwaffe finanziert, und wie jeder weiß (zumindest jeder in den höheren Regierungsebenen), darf der Kongress der Vereinigten Staaten keine Abteilung der Regierung bevorzugt behandeln. Das gilt erst recht für das Pentagon – wenn eine Abteilung des Militärs über ein geheimes Komitee verfügt, dann haben auch andere Abteilungen ein oder zwei solche Komitees, wenn nicht gar dutzende.

Ursprünglich wollte das Komitee nicht direkt zu den Personen Kontakt aufnehmen, die behaupteten, sie seien von Außerirdischen entführt worden. Warum seine Mitglieder den Kontakt meiden wollten, ist nicht bekannt. Man baute darauf, dass es möglicherweise andere Abteilungen gebe, die diese Leute bereits befragt hatten, und dass man diese Informationen vielleicht nutzen könne. Denn schließlich musste es jemanden geben, in dessen Händen sich die Außerirdischen – ob nun tot oder lebendig – befanden, und dieser Jemand verfügte über Wissen, das dem Komitee dienlich sein konnte. Aber ob es nun politische oder bürokratische Gründe hatte, die einzelnen Gruppen durften untereinander keine Informationen austauschen. Das Komitee schaffte es nicht, die versteckten Barrieren zu überwinden, und musste notgedrungen selbst Nachforschungen anstellen.

Dennoch vermied es das Komitee weitestgehend, mit den Entführten selbst zu sprechen, auch wenn es wusste, dass einige dieser Personen die Wahrheit sagten. Die Wenigen, die man befragte, schienen allerdings ganz eigene Motive für ihre Behauptungen zu haben. Einige waren nur darauf aus, von der Regierung Geld zu bekommen – sie erzählten tagelang von ihrer Entführung, sofern der Preis stimmte. Andere suchten nach einem Sündenbock für ihre psychischen Probleme und fanden ihn in den Außerirdischen oder auch der Regierung, von der viele glaubten, dass sie hinter den Entführungen stecke. Die meisten der vermeintlichen Entführungsopfer wollten vor allem Aufmerksamkeit erregen und lieferten daher kaum verlässliche Informationen. Dem Komitee war vor allem daran gelegen herauszufinden, warum diese Leute entführt worden waren, aber ausgerechnet darüber konnten diejenigen, die behaupteten, entführt worden zu sein, keine Auskunft geben.

Ein UFO ausfindig zu machen war einfacher, als herauszubekommen, was die Außerirdischen bezweckten. Um ein UFO aufzuspüren, musste das Komitee lediglich seine besten Hellseher mit seiner Boden- und Luftaufklärung koordinieren. Hatte der Hellseher den Ort, an dem er ein UFO spürte, lokalisiert, dann durchforstete der Bodentrupp dieses Gebiet, bis er es fand. War das Objekt überprüft und als UFO bestätigt worden, wurde ein speziell für diesen Zweck ausgerüstetes Flugzeug ausgeschickt, das eine Vielzahl an Radar- und anderen hochentwickelten Ortungsgeräten an Bord hatte. Wenn das Überwachungsflugzeug der Luftwaffe das UFO im Visier hatte, behielt es dieses aus mehreren Kilometern Entfernung im Auge und übermittelte fortwährend Informationen an die Fahrzeuge am Boden. Es waren nie mehr als zwei gewöhnliche Pkw, die während der ganzen Überwachungsaktion inkognito blieben.

Dem Komitee war klar, dass es keine echte Chance hatte, sich an die Außerirdischen heranzuschleichen oder diese zu täuschen. Die Tarnung diente eher dazu, neugierige Erdenbürger, zumeist Ufologen, abzuschütteln, die sich regelmäßig an denselben Orten wie das Komitee einfanden.

Der Präsident wird ausgeschlossen

Zwischen 1974 und 1976 begann das Komitee, seine Forschungsergebnisse an eine eigens gegründete Behörde zu leiten, anstatt sie, wie früher, direkt an den Präsidenten zu schicken. Diese neue Vorgehensweise diente allein dazu, die Exekutive von gewissen verdeckten Operationen auszuschließen. Im ersten Bericht des Komitees an diese neue Behörde, datiert auf den 30. Juni 1976 (das Datum selbst ist eine verschlüsselte Botschaft und gibt nicht etwa den Tag wieder, an dem der Bericht verfasst wurde), ist zu lesen, dass das Komitee darin versagt hat, auch nur eine der Personen ausfindig zu machen, zu denen die Außerirdischen auf diesem Planeten Kontakt hatten. Die Überwachung dauerte acht Monate, und in dieser Zeit kam es zu 271 Sichtungen, aber nicht einmal wurde ein außerirdisches Raumschiff dabei beobachtet, wie es einen Menschen aufnahm oder absetzte.

Außerirdische Raumschiffe wurden sowohl in Wohngebieten als auch auf freiem Feld und mitten in Großstädten zwischen Wolkenkratzern beobachtet. Die Dauer der Sichtungen variierte von Sekundenbruchteilen bis zu fünf Stunden, dem längsten Zeitraum, von dem das Komitee berichtete. Das Komitee war der Überzeugung, dass Zeit bei diesen Sichtungen keinerlei Rolle spielte. Zu diesem Schluss waren die Männer gekommen, als sie bei einer Gelegenheit ein UFO sahen und auf dem Radar hatten, die Menschen auf der Straße jedoch keinerlei Notiz von dem nahmen, was sich unmittelbar über ihnen abspielte.

„Entweder litten wir unter einer kollektiven Halluzination oder aber unser Radar und die übrigen Geräte versagten alle gleichzeitig. Wir hatten eindeutig Sichtkontakt, und auch die Geräte zeigten das Objekt an", sagte ein Komiteemitglied nach der Sichtung. Die logische Folgerung daraus war, dass die Außerirdischen vor dem Komitee ihre übernatürliche Fähigkeit zur Schau stellten, sich beliebig zu zeigen oder unsichtbar zu machen und nur für bestimmte Personen sichtbar zu werden. Das Komitee war höchst beunruhigt, als ihm aufging, wozu die Außerirdischen dank dieser Fähigkeit in der Lage waren.

Die ganze Operation kam jedoch zum Erliegen, noch bevor sie abgeschlossen war, weil beinahe jedes Teammitglied plötzlich psychisch zusammenbrach. Zwei der Männer erlitten einen Nervenzusammenbruch, drei weitere entwickelten dieselben psychosomatischen Symptome und fielen mehrere Wochen aus, und zwei andere stiegen ganz aus dem Programm aus. Vielleicht war es ein Zufall, vielleicht auch nicht, aber all dies geschah in der letzten Woche der Überwachungskampagne. In dieser Woche war das Komitee damit beschäftigt, das zusammengetragene Material zu sichten. Je länger die Männer über die Bedeutung der gesammelten Informationen nachsannen, desto beunruhigender wurde die Sache. Sie wussten, dass sie so gut wie keine Fakten hatten, aber die wenigen, über die sie verfügten, waren alarmierend. Hunderte von psychiatrischen Kliniken weltweit stecken voller Menschen, die behaupten, Dinge zu sehen, die andere (normale Menschen) nicht sehen. „Sitzen etwa die Falschen in diesen Kliniken?“, fragte sich das Komitee. „Kann es sein, dass viele der vermeintlich

Geisteskranken in Wahrheit von Außerirdischen entführt wurden, es aber nicht wissen?" Oder waren die Komiteemitglieder selbst verrückt geworden und lebten in der großen Illusion, sie besäßen ein phantastisches außerirdisches Raumschiff? Immer wieder kam es während des gesamten Programms vor, dass Komiteemitglieder den Bezug zur Wirklichkeit verloren. Oder vielleicht hatten sie ihn überhaupt erst gefunden und waren daher nicht länger in der Lage, innerhalb der chaotischen Welt zu funktionieren, die „normale" Menschen als Wirklichkeit bezeichnen. Wie auch immer, sie alle wurden mit dem Befund einer irreversiblen Psychose eingewiesen; wie viele der Wissenschaftler genau betroffen waren, ist nicht bekannt.

Zunächst glaubte man, dass etwas an Bord des Raumschiffs die Psychosen ausgelöst haben könnte. Denn das Betreten des Schiffs veränderte die Wahrnehmung. Das zeitliche und räumliche Empfinden war verzerrt – eine „wirklich bewusstseinsverändernde Erfahrung". Gegen diese Theorie sprach, dass viele andere Wissenschaftler, die mit denselben Objekten hantierten, nicht betroffen waren. Das Thema wurde fallen gelassen, als dem Komitee eingeschärft wurde, dass es nicht seine Aufgabe sei „herauszufinden, was es mit der Psychose, sondern was es mit den Außerirdischen auf sich hat!"

Im Komitee gab es kaum Zweifel daran, dass Geheimhaltung oberste Priorität hatte – darauf einigte sich das umstrukturierte Komitee einstimmig. Der Gedanke daran, dass tausende Raumschiffe umherflogen und sich nur denen zeigten, denen sie sich zeigen wollten, war für die Wissenschaftler nervenzerreibend. Wenn schon die Personen innerhalb der Geheimprogramme sich kaum mit diesem Wissen abfinden konnten, ohne die Nerven zu verlieren, wie würde dann erst das Land bzw. die Welt reagieren, wenn diese Informationen plötzlich an die Öffentlichkeit dringen würden? Informationen, die besagten, dass die Menschheit sich quasi unter einem riesigen Mikroskop befand und von Wesen einer höheren Intelligenz beäugt wurde?

Würden die Menschen, wenn diese Informationen nach außen sickerten, weiterhin ihren täglichen Aufgaben nachgehen? Würden sie zur Arbeit gehen, einkaufen, spielen, investieren und all die Millionen anderen Dinge tun, die die Mühlen der Weltwirtschaft in Gang halten? Wie würden sich diese Neuigkeiten auf die Börse auswirken? Jede größere Unruhe würde den Weltmarkt erzittern und vielleicht sogar zusammenbrechen lassen und ganze Wirtschaftszweige zerstören. Die Folge wäre Anarchie – und mit ihr wäre einer Diktatur der Weg bereitet. Eine Neue Weltordnung würde die klaffende Wunde der Welt für ihre Zwecke nutzen können – möglicherweise gar die Neue Weltordnung der Außerirdischen!

Die Büchse der Pandora

Zwar gelang es den Wissenschaftlern nicht, die Außerirdischen bei der Entführung von Menschen abzufangen, aber einige der Forscher machten bahnbrechende Entdeckungen im Hinblick auf die außerirdischen Gegenstände an Bord des Raumschiffs. Eines dieser Objekte hatte die Form einer Zigarrenkiste. Es funktionierte ähnlich wie das schwarze „Kreidestück" und ließ ebenfalls Durchgänge in Hindernissen entstehen, mit dem Unterschied, dass mit seiner Hilfe mehrere Personen gleichzeitig durch Wände gehen konnten. Auf der

Oberseite der „Zigarrenkiste“ befanden sich Symbole, und an drei Stellen leichte Vertiefungen. Dieses Objekt war entweder zuvor übersehen worden, oder die Außerirdischen hatten es erst Jahrzehnte nach dem Absturz ins Raumschiff gelangen lassen. Niemand wusste es.

Das Kästchen hatte weder einen Deckel, der sich öffnen ließ, noch andere bewegliche Teile. Es öffnete sich durch einen ähnlichen Mechanismus wie das Raumschiff selbst. Der einfache Wunsch, die Kiste zu öffnen, genügte allerdings nicht; vielmehr fungierten die drei Vertiefungen als eine Art Kombinationsschloss. Wurden sie in der korrekten Abfolge gedrückt, tat sich eine Öffnung auf und enthüllte eine Reihe von Objekten unterschiedlicher Gestalt. Wie lange die Wissenschaftler brauchten, um die richtige Kombination zu finden oder überhaupt herauszufinden, wie sich die Kiste öffnen ließ, wurde nirgends erwähnt. Wenn sie sich auftat, umhüllte sie jeden in der Nähe mit einer, wie es hieß, „merkwürdigen elektrischen Wolke“. Die Wissenschaftler konnten dieses elektrische Feld nach Belieben betreten oder verlassen, ohne Schaden zu nehmen, aber es hinterließ ein unbehagliches Gefühl. Die Hülle ähnelte einer elektrisierten Klarsichtfolie, sodass sich leicht erkennen ließ, wo das Feld zu Ende war. Die Folie schien eine beliebige Größe annehmen zu können und dehnte sich immer so weit aus, wie gerade erforderlich war. Waren nur zwei Personen zugegen, umhüllte sie diese beiden. Waren mehr Leute anwesend, dann umgab sie ebenso leicht diese größere Gruppe.

Entfernte sich eine Person von der Gruppe, so folgte ihm die Umhüllung nicht. Sie schien zu spüren, was von ihr erwartet wurde, und verhielt sich entsprechend. Sie ermöglichte es allen Personen in ihrem Innern, durch jedes Hindernis hindurchzugehen und auch über Luft zu laufen. In letzterem Fall schwebten die Betreffenden nicht etwa, sondern gingen über eine unsichtbare Plattform.

Sobald der merkwürdige Nebel aus dem Kästchen auf ein Hindernis traf, unterlag dieses nicht länger den physikalischen Gesetzen. Dieses Kästchen erklärte auch, wie Außerirdische Menschen aus so ungewöhnlichen Orten wie fahrenden Autos, Flugzeugen und den fensterlosen oberen Etagen von Wolkenkratzern entführen konnten. Von so einem Ort zu verschwinden, stellt selbst den tollkühnsten

Stuntman vor eine echte Herausforderung. Die Entführten, die vom Komitee befragt wurden, beteuerten, dass nie eine Tür geöffnet oder ein Schloss aufgebrochen worden sei, sondern dass die Außerirdischen einfach durch die Wand ins Schlafzimmer gekommen seien und sie über eine unsichtbare Brücke zum wartenden Raumschiff getragen oder geführt hätten.

Unter den Gegenständen im Innern des Kästchens war auch einer, der Menschen auf ähnliche Weise lähmte wie der „Laserpointer" aus der Anfangsphase des Programms. Dieses Objekt aber war kleiner und sah aus wie ein Fingerhut. Es leuchtete grün und verpasste Mensch und Tier jeder Größe einen lähmenden „Stich". Während der Untersuchung dieses Gegenstands berührte man damit auch einen Elefantenbullen kurz am Rüssel, und daraufhin erstarrte der Elefant wie eine Statue. Die Lähmung dauerte etwa fünf Minuten an und flaute dann allmählich ab. Der Effekt war unabhängig von der Größe des jeweiligen Menschen oder Tiers und hatte keine sichtbaren Nebenwirkungen. Der außerirdische Fingerhut musste nur kurz mit der Haut in Berührung kommen, um zu lähmen. Das konnte mehrere Male wiederholt werden, ohne dass das Versuchsobjekt sichtbaren Schaden davontrug.

Die „Zigarrenkiste“ enthielt viele seltsam geformte Gegenstände. Eines davon, ein rundes Metallplättchen von der Größe eines Geldstücks, lähmte einen Menschen für unbestimmte Zeit, wenn es mit seiner Stirn in Kontakt kam. Das Plättchen blieb dort haften wie ein Kühlschrankmagnet und machte den Betroffenen bewegungsunfähig, bis es entfernt wurde. Dutzende ähnliche Objekte befanden sich in dem Kästchen.

Es war müßig, eine Bestandsaufnahme der Gegenstände im Kästchen durchzuführen, denn die Zahl der Objekte änderte sich ständig. Manchmal war die Kiste voll, dann wieder fast leer. Eine Theorie lautete, dass sie an mehreren Orten bzw. in verschiedenen Dimensionen gleichzeitig existierte und der Inhalt damit auch anderen, unbekannten Wesen zugänglich war. Die meisten übrigen Gegenstände sind von den Wissenschaftlern aber nicht näher beschrieben worden, sodass über sie nicht viel bekannt ist.

Die eine vorhersehbare Anomalie, der fast alle außerirdischen Gegenstände unterworfen waren, bestand darin, dass sie nach 72 Stunden ins Raumschiff zurückkehrten. Die Objekte wurden selten zeitgleich, sondern meist zu verschiedenen Zeitpunkten herausgeholt und kehrten stets in der Reihenfolge zurück, in der sie entnommen worden waren. Sofort nachdem sie ins Raumschiff zurückgekehrt waren, konnten sie wieder mit hinausgenommen werden; ihre innere Uhr stellte sich auf Null, und der 72-stündige Countdown begann erneut. Es schien keine Obergrenze dafür zu geben, wie oft ein Gegenstand aus dem Raumschiff entwendet werden konnte.

Im Gegensatz zu menschlichen Ordnungsfanatikern, die sich mit einem ordentlich geführten Haushalt brüsten – Pfanne und Töpfe in diesem Schrank, Geschirr und Besteck in jenem –, hatten die Außerirdischen keine solche Neurose. Die außerirdischen Gegenstände und Geräte fanden sich nie zweimal am selben Ort, wenn sie zurückkehrten, sondern stets in einem anderen Winkel des Schiffs. So wurde das Finden bestimmter Objekte zu einer frustrierenden Aufgabe. Doch obwohl die Gegenstände auch noch ständig ihre Gestalt veränderten, erkannte der Fachmann, der sich länger mit einem bestimmten Objekt auseinandergesetzt hatte, dessen Fähigkeiten und Funktionen bald allein dadurch, dass er es berührte. Mit der Zeit wurden die Wissenschaftler mit ihren jeweiligen Gegenständen vertraut. Je länger sie mit ihnen arbeiteten, desto leichter fiel es ihnen, die besonderen Eigenschaften eines Gerätes wiederzuerkennen.

Die Gegenstände veränderten ihr Aussehen oft radikal. Runde Objekte wurden plötzlich eckig oder nahmen mehrere Formen gleichzeitig an, wobei das eine Ende eines Gegenstands ganz anders aussehen konnte als das andere. Dinge, die in einem Moment noch würfelförmig waren, konnten schon Minuten oder Tage später aussehen wie ein Kugelfisch. Sie veränderten ihre Form selbst dann, wenn sie in Gebrauch waren, und dieser Anblick war für Viele nicht leicht zu verkraften. So mancher Wissenschaftler fiel in Ohnmacht, wenn er mit ansehen musste, wie sich ein Gegenstand im Körper einer Versuchsperson plötzlich veränderte. Zuzusehen, wie ein außerirdisches Objekt unter der Haut eines Menschen „entlangschwamm“, war eine Erfahrung, an die sich keiner der Forscher je gewöhnen konnte. Das gab der Redewendung „eine Gänsehaut bekommen“ eine ganz neue Bedeutung. Doch so unheimlich dieser Anblick war, geschah doch nie etwas Ärgeres, als dass einer der Gegenstände im menschlichen Körper seine Form änderte – was insbesondere dann unheimlich war, wenn die Versuchperson gerade in dem Moment aufwachte, in dem der Gegenstand dies tat.

Die außerirdischen Objekte, die in den Körper eindrangen, waren knapp fünf Zentimeter lang und wie kleine Karotten geformt. Sie gelangten über den Bauch ins Körperinnere. Sobald eines dieser Objekte auf einen Körper gesetzt wurde, verlängerte sich eines seiner beiden Enden, bis die Spitze dünner war als eine Kanüle. Innerhalb weniger Sekunden durchstach dieses Ende die Haut und hinterließ einen Einstich wie von einer Nadel. Anschließend sog das Kanülenende den Rest des inzwischen verflüssigten Objekts durch diesen Einstich ins Körperinnere.

Ein erstaunter Wissenschaftler, der Zeuge der Szene wurde, kommentierte sie wie folgt: „Zunächst war der Gegenstand fest, doch dann verwandelte er sich in eine wurmartige Kreatur und drang wie ein Parasit in den Körper ein. Sobald sich der

Tentakel dieser Kreatur unter der Haut verankert hatte, nahm sie die Form eines Ballons an. Was eben noch fest erschien, verwandelte sich mit einem Mal in eine Flüssigkeit, die von einer dünnen Membran umgeben war, ähnlich einer Wasserbombe. Die Kreatur sog den flüssigen Inhalt der Membran in den Körper, und dort wurde er wieder fest. Danach bewegte sich die Kreatur unter der Haut entlang."

Der Einstich war klein und blutete nicht. Er heilte ebenso schnell wie ein gewöhnlicher Nadelstich. Die „Kreatur" (wie das Objekt von da an genannt wurde) verließ den Körper auf dieselbe Weise, wie sie in ihn eindrang, aber nicht immer an der gleichen Stelle.

Wie viel Zeit das Objekt im Körper verbrachte, variierte von Mensch zu Mensch. Die Wissenschaftler fanden nicht heraus, was diese Kreatur im Körper tat, glaubten aber, dass sie eine Art Transportmittel sei, das Dinge in den Körper brachte oder aus ihm entfernte.

Glücklicherweise waren die Versuchspersonen, die dieser Prozedur unterzogen wurden, meistens bewusstlos und so gut wie tot – aber nicht immer. Einige Male kam es vor, dass jemand während eines solchen Experiments aufwachte und entsetzliche

Schmerzen durch das Objekt litt, das unter seiner Haut entlangglitt. Es war ein glücklicher Umstand für die Wissenschaftler, dass das Opfer seine Schmerzen immer mit seinen Verletzungen in Verbindung brachte und die Personen um sich für Ärzte und Krankenschwestern hielt, weil sie wie medizinisches Personal in weiß und grün gekleidet waren.

Offenbar hielten die Außerirdischen nichts von Anästhesie, oder aber die Wissenschaftler hatten den entsprechenden Gegenstand einfach noch nicht entdeckt. Bei allen Experimenten war es dasselbe: Sobald eine Versuchsperson mit den herkömmlichen medizinischen Methoden narkotisiert wurde, misslang der Versuch, weil das außerirdische Objekt sofort inaktiv wurde, als sei die Versuchsperson gestorben.

Daraus schlossen die Wissenschaftler, dass es die elektrischen Impulse des menschlichen Körpers waren, die die Objekte „antrieben". Wurden die Zellen narkotisiert, gaben die Neuronen widersprüchliche, ungenaue Impulse weiter und blockierten somit die Funktion des Geräts. Scheinbar stellten die Körperzellen für diese Apparate eine Art Leitungsnetz dar, über das sie sich durch den Körper bewegten. Von da an taten die Wissenschaftler, was auch die Außerirdischen wahrscheinlich taten – sie lähmten die Versuchsperson mit dem „Laserpointer".

Doch auch derart gelähmt blieb die Person manchmal bei Bewusstsein. Dann empfand sie Schmerzen und auch Angst, weil sie „nicht wusste, was mit ihr geschah". Da sie aber vollkommen bewegungsunfähig war, konnte sie sich nicht wehren. Sobald die Versuchsperson aus der Lähmung erwachte, konnte sie sich an nichts mehr erinnern und hatte auch nicht das Gefühl, dass irgendetwas Ungewöhnliches vorgefallen war. Die meisten Versuchspersonen waren tödlich verletzt, weshalb die Wissenschaftler der Ansicht waren, dass diese Menschen nichts mehr zu verlieren hatten. Und einige der Verwundeten, die entweder Opfer des Krieges oder eines Autounfalls geworden waren, wurden nur dank der außerirdischen Gegenstände und der Versuche überhaupt wieder gesund.

Als das Komitee gerade gebildet worden war, wollte es zunächst durchsetzen, dass alle, die an diesem Geheimprojekt mitwirkten und tödlich erkrankten oder verletzt wurden, ebenfalls als

Versuchspersonen eingesetzt werden konnten. Es galt der Leitsatz, dass niemand anderen antun solle, was er nicht selbst zu erdulden bereit wäre. Der Plan wurde sorgsam überdacht und stieß auf zahlreiche Einwände. Ein Großteil davon entsprang nackter Angst – niemand im Komitee wollte in dem Bewusstsein leben, dass er eines Tages selbst unter dem Messer seiner Kollegen liegen könnte, mit außerirdischen Kreaturen in seinem Körper, vollständig gelähmt und unfähig zu schreien. So wurde der Plan fallen gelassen.

Spontane Selbstentzündung

Nachdem die Wissenschaftler viele Jahre mit den außerirdischen Gegenständen experimentiert hatten, stellte sich eine Art Vertrautheit zwischen Objekten und Forschern ein – sie gingen eine Art „Verbindung" ein. Das klingt zwar merkwürdig, aber die Geräte teilten den langjährigen Wissenschaftlern Geheimnisse mit, die sie neuen oder ihnen unbekannten Wissenschaftlern vorenthielten. Alle Objekte besaßen mehr als eine Funktion, und einigen Forschern gelang es müheloser als anderen, zusätzliche Eigenschaften herauszufinden.

Der Charakter einer Person spielte eine große Rolle dabei, ob ein Wissenschaftler Erfolg bei den Objekten hatte oder nicht. Wenn er oder sie freundlich und gutmütig war, stellte sich eher Erfolg ein als bei Kollegen, die jähzornig oder aufbrausend waren. Ironischerweise aber besaßen die meisten Wissenschaftler, die für dieses Programm ausgesucht wurden, eine Persönlichkeit vom Typ „A“, waren also sehr aggressiv, ehrgeizig und unzufrieden, wenn sich nicht schnell Ergebnisse einstellten. Sie alle waren Experten, die zu den Besten ihres jeweiligen Fachs gehörten. Doch waren sie ebenso integer und über jede Kritik erhaben. Sowohl das Komitee als auch die Wissenschaftler, die ihm unterstanden, wurden vorab der strengsten Sicherheitsüberprüfung unterzogen. Alle galten als gutartig und wohlwollend und dem einzigen Zweck ergeben, „ihrem Land zu dienen“. Aber auch die Prüfer waren nur Menschen und machten Fehler, wenn es darum ging, ins Innere einer Person zu blicken und festzustellen, ob sie gut oder böse war. Die einfachsten außerirdischen Gegenstände dagegen erfassten die Gesinnung eines Menschen sofort und verhielten sich entsprechend. Anders gesagt: Das Komitee glaubte, dass ein Mensch von schlechtem Charakter die Objekte nicht aktivieren konnte – zumindest nicht die Objekte, mit denen es zu tun hatte. Dadurch konnten die außerirdischen Geräte nicht in falsche Hände fallen, so wie Plutonium oder Krankheitserreger für die bakteriologische Kriegsführung. Wenn eine Person aus böser Absicht handelte, dann funktionierten die Geräte einfach nicht. Und oft kam es vor, dass sie sich in diesem Fall sogar gegen den Bediener wandten.

Allerdings konnte nicht geklärt werden, ob die Außerirdischen selbst nun gut- oder bösartig waren. Es gab Beweise, die die eine oder die andere Auffassung stützten, und manches deutete darauf hin, dass die Außerirdischen beides waren. Der Großteil der Gegenstände, die katalogisiert wurden und ihre spezielle Funktion preisgaben, erwies sich als nutzbringend für den Menschen. Andere dagegen verhielten sich regelrecht bösartig und widersprachen damit früheren Funden.

Einer der scheinbar bösartigen Gegenstände war ein würfelförmiges Objekt mit einer Seitenlänge von gut zwei Zentimetern. Es sah aus wie ein Diamant, und in seinem Innern war eine kleine Kugel von der Größe einer Perle. Diese Kugel pulsierte in allen Farben des Regenbogens. „Ein wunderschöner Anblick", sagte fast jeder, der sie sah. Doch diese Schönheit verbarg einen heimtückischen Kern. Im Gegensatz zu den meisten anderen außerirdischen Geräten ließ sich für dieses nur eine einzige Funktion ermitteln. Wenn es auf der Brust bzw. dem Rücken eines Menschen platziert wurde, verließ die Kugel den Würfel und drang durch die Brusthöhle in die Lunge ein. Die Kugel drang einzig und allein in die Lunge eines lebenden Menschen. Sie hinterließ weder ein Eintrittsloch noch irgendein anderes Anzeichen dafür, dass sie in den Körper eingedrungen war. Die Wissenschaftler fanden nie heraus, ob die Kugel aus Materie, Photonen oder einer fremden Form von Materie oder Antimaterie bestand. Nachdem sie ihre Aufgabe verrichtet hatte, kehrte sie in den Würfel zurück. Der ganze Vorgang dauerte nur 60 Sekunden – nicht lange genug, um zu untersuchen, was genau sich in der Lunge abspielte. Sobald die Kugel in der Lunge war, veränderte sich der gesamte Körper.

Die Kugel schien den Sauerstoff in der Lunge zu nutzen, um ihre Funktion zu beschleunigen. Exakt 52 Sekunden, nachdem die Kugel in die Lunge eingedrungen war, ging ein Großteil des Körpers buchstäblich in Rauch auf. In einem Fall blieben lediglich einige Extremitäten zurück: Finger und Zehen. Interessanterweise aber wurde keiner der anwesenden Wissenschaftler verletzt, obwohl sie nur wenige Zentimeter von der Versuchsperson entfernt gewesen waren.

Es war ein grauenvoller Anblick, und das Experiment wurde angeblich nur zweimal durchgeführt – ein zweites Mal, um herauszufinden, was im Körper nach dem Eindringen der Kugel geschah, denn das Phänomen der spontanen Selbstentzündung gab schon seit Jahrzehnten Rätsel auf und wird es wohl weiterhin tun. Das Komitee fand heraus, dass die Entzündung nicht spontan, sondern zielgerichtet geschah, aber zu welchem Zweck, blieb ihm verborgen. Der Würfel besaß keinen Auslöser; wie auch die übrigen außerirdischen Objekte steuerte es sich selbst und behielt die meisten seiner Geheimnisse für sich. Woher wusste der Würfel, dass die Kugel nicht in die Lunge eines der Wissenschaftler eindringen sollte? Doch das wäre sie vermutlich, wenn der Würfel mit der Brust eines von ihnen in Berührung gekommen wäre. Die Wissenschaftler lernten aus den Fehlern ihrer Kollegen: „Berühre nie eines der außerirdischen Objekte direkt!“ Kleidung, egal welchen Materials, wie auch gewöhnliche Handschuhe schienen als Schutz vor den meisten Geräten ausreichend. Um zu funktionieren, mussten die Geräte oft direkt mit der Haut einer lebenden Person in Kontakt kommen.

Einige der Gegenstände funktionierten nur im Innern des Raumschiffs. Wurden diese Objekte aktiviert, lösten sie eine Reaktion des Schiffs aus. Dann tat sich etwa eine Öffnung auf und legte den Zugang zu verborgenen Räumen oder kleinen, rätselhaften Winkeln frei. In einigen dieser Räume befanden sich futuristisch anmutende OP-Tische und chirurgische Instrumente. Andere waren einfach nur dunkle, leere Abgründe voller mysteriöser Klänge und Schwingungen. Nur wenige der Wissenschaftler wagten sich in diese Räume vor, und diejenigen, die es taten, konnten ihre Eindrücke hinterher nicht in Worte fassen.

So mancher Durchgang innerhalb des Raumschiffs blieb verborgen. Dass es diese Räume gab, wurde nur ersichtlich, wenn ein Wissenschaftler zufällig an einem vorbeikam, während er das außerirdische Objekt mit dem jeweiligen Öffnungsmechanismus bei sich trug. Die Gegenstände schienen einen Code zu enthalten, der bestimmte Räume und absonderliche Abgründe öffnen konnte. Einer dieser versteckten Räume, der durch Zufall entdeckt wurde, war eine kleine Kammer, die nichts außer einer einzigen Sitzgelegenheit enthielt. Der Sitz war ungepolstert, aber für einen sitzenden Menschen ausgelegt. Er war aus dem gleichen Material gefertigt wie das Raumschiff, einer weichen, metallischen Substanz. Von der Kammer ging ein Leuchten aus, von dem ein Wissenschaftler sagte, dass es sich „schwer" anfühle. Die Farbe der Kammer war gelb und die Luft dick wie Gelee.

Diese kleine Kammer war der unheimlichste aller Räume, die im Raumschiff entdeckt und dokumentiert wurden. Jeder, der sie sah, bekam eine Gänsehaut. Keiner der Wissenschaftler, die die Kammer untersuchten, wagte es, sich auf den Sitz zu setzen. Die Kammer war so winzig, dass sie gerade einmal genug Platz für den Sitz und einen Menschen durchschnittlicher Größe bot. Man bat das Komitee um ein menschliches Versuchskaninchen für den Sitz, denn man brauchte einen lebenden Körper, um eine Theorie zu testen. Die Wissenschaftler glaubten, dass sich die Kammer schließen würde, sobald jemand auf dem Sitz säße, und „Gott allein weiß, was dann mit diesem Menschen geschieht“. Wie sie zu dieser Theorie kamen, wurde nirgends erwähnt.

Das unglückliche Opfer, das schließlich auf dem Sitz landete, war ein Mann um die fünfzig, der weder Familie noch Bekannte hatte. Es war ein Obdachloser, der von einem Auto angefahren worden war. Das Suchkomitee, das für die Beschaffung menschlichen Materials zuständig war, fand ihn über ein Netzwerk von Regierungskrankenhäusern, die eigens zu diesem Zweck eingerichtet worden waren. Hunderte von Menschen ohne Familie enden alljährlich in solchen Einrichtungen, ohne dass sich je ein Angehöriger meldet. Aus dieser „Quelle der Vergessenen“ schöpfte also das Komitee. Der Obdachlose, der für dieses Experiment ausgewählt wurde, war bei dem Unfall schwer verletzt worden. Er war kaum noch am Leben, als das Komitee ihn in Empfang nahm. Man tat alles, um ihn zu retten, aber als feststand, dass er sterben würde, wurden seine Wunden zugenäht und die Blutungen so gut wie möglich gestillt, und zwei Stunden, nachdem man ihn aus dem Krankenhaus geholt hatte, wurde er dem Komitee übergeben und umgehend in die Kammer gebracht. Der Mann konnte nicht aus eigener Kraft aufrecht sitzen, und an dem Sitz fanden sich keinerlei Gurte, um ihn in Position zu halten. Aber das war offenbar auch gar nicht nötig. Sobald er saß, hielt der Sitz ihn fest, als wäre der Mann ein Stück Metall auf einer magnetischen Oberfläche.

Wenige Sekunden, nachdem der Mann auf dem Sitz platziert worden war, gab der Mechanismus, der die Kammer wie eine Fernbedienung öffnete, ein unbeschreibliches Geräusch von sich, auf den hin die Kammer sich schloss. Dann machte die „Fernbedienung" andere Geräusche, und im Innern der Kammer wurde ein Prozess in Gang gesetzt. Schon nach wenigen Minuten (niemand konnte sagen, wie lange genau der Mann in der Kammer war, aber es schien nicht lange zu sein) gab die Fernbedienung weitere Töne von sich, woraufhin sich die Kammer wie eine auf die Seite gedrehte Muschel öffnete. Der

Obdachlose stand auf und kam heraus. Von seinen Wunden war nichts mehr zu sehen, und er schien kerngesund zu sein. Einen Moment lang glaubten alle Anwesenden, sie hätten ein Heilmittel für alle schweren Verwundungen entdeckt, aber die Euphorie war nur von kurzer Dauer. Sie sahen zu, wie der Mann bzw. das, was von ihm Besitz ergriffen hatte, auf direktem Wege auf einen anderen Raum zuging. Auch dieser Raum gehörte zu den gut verborgenen, und er tat sich auf, als der Körper sich ihm näherte. Bald schon erkannten die Wissenschaftler, dass sie Zeuge eines Albtraums und nicht eines Wunders waren. Der Mann ging an ihnen vorbei, ohne sie zur Kenntnis zu nehmen. An seinen Augen erkannten die Wissenschaftler, dass etwas Schreckliches mit ihm geschehen war. Sein Blick war starr geradeaus gerichtet, als sei der Mann ein lebender Toter. Der Raum, den er betrat, war um einiges größer als die Kammer, die ihn derart verändert hatte. Er war rund, und aus den geschwungenen Wänden ragte eine Art Bank hervor. Der Mann betrat den Raum, setzte sich auf die Bank und starrte ausdruckslos in die Mitte des Raumes. Die Wissenschaftler sprachen den Mann an, aber er reagierte nicht, obwohl er regelmäßig blinzelte und seine Atemfrequenz normal war. Es war, als sei er auf Autopilot geschaltet. Aber wer immer ihn gesteuert hatte, bevor er den runden Raum betrat, verließ den Körper entweder freiwillig oder wurde hinausgeworfen – so oder so war nun niemand mehr darin.

Der Körper wurde gründlich untersucht und für absolut gesund befunden. Erst beim Röntgen entdeckte man eine Anomalie um seine inneren Organe herum, hauptsächlich um Magen, Darm und Nieren.

Da der Körper weder aß noch trank oder andere biologische Funktionen ausführte und dennoch bei bester Gesundheit blieb, wurde angenommen, dass dieses fremde Objekt im Körper eine Art außerirdisches Lebenserhaltungssystem sei. Das außerirdische „Organ" hielt zwar den Körper am Leben, aber zu welchem Zweck, wenn doch niemand mehr darin wohnte? Der Körper blieb wochen- und schließlich monatelang in dem runden Raum. Weder alterte noch verfiel er, und die ganze Zeit über verharrte er aufrecht sitzend in einem Schlummerzustand.

Das Raumschiff wirkte wie ein Jungbrunnen. Die Wissenschaftler, die in ihm arbeiteten, fühlten sich, als sei ihr Alterungsmechanismus abgeschaltet worden. Es war, als sei mit dem Betreten des Schiffs ihre biologische Uhr stehen geblieben und dann rückwärts gelaufen. Dies widersprach Einsteins Theorie, der zufolge die Zeit sich verlangsamt, wenn Masse sich der Lichtgeschwindigkeit annähert, denn das Raumschiff bewegte sich nicht – sofern es nicht von allen unbemerkt abhob und mit den Wissenschaftlern durch das Sonnensystem flog.

Noch in derselben Woche, als die Wissenschaftler die „Zombie-Maschine" entdeckten, diskutierten sie darüber, was man mit dem derart präparierten Körper machen solle. Man könne den Körper das Labor putzen oder ihn mit radioaktivem Abfall arbeiten lassen, lauteten einige der Vorschläge, die die meisten im Komitee nicht sonderlich ernst nahmen. Man erwog, eine Autopsie zu machen und das außerirdische Organ zu entfernen, das den Körper am Leben hielt, aber von höherer Stelle kam die Anweisung, nicht an dem Körper herumzuexperimentieren. Den Wissenschaftlern wurde aufgetragen zu beobachten, ob das Raumschiff ihn für einen bestimmten, noch unbekannten Zweck am Leben hielt.

Was man bereits wusste, war, dass alles im Raumschiff sich selbst steuerte. Es schien, als seien die Wissenschaftler nur als Zuschauer gedacht, die lediglich in begrenztem Maße am Geschehen teilnehmen durften. Nachdem der Körper selbst nach Jahren noch im selben Zustand verharrte, wurde den Wissenschaftlern erlaubt, einige Experimente mit ihm zu machen.

Sicherheitsmaßnahmen

Gegen Ende der 1970er schenkten die Medien der „UFO-Vertuschung" zunehmend mehr Aufmerksamkeit, und auch die Bevölkerung schien hartnäckig darauf bedacht, mehr darüber zu erfahren. Das bewog das Militär dazu, streng auf die Vermeidung undichter Stellen zu achten, durch die etwas über das außerirdische Raumschiff nach außen sickern konnte. Alle Dokumente und Berichte, die nicht von wesentlicher Bedeutung für das Komitee waren, wurden zerstört, und alle wichtigeren Unterlagen wurden „überarbeitet": Die zeitliche Abfolge der Geschehnisse wurde geändert, und alles wurde verschlüsselt. Dem Komitee war es nicht erlaubt, Berichte und andere Dokumente länger als eine Woche zu behalten, ganz gleich, woran es gerade arbeitete oder ob es angebracht war, ein bestimmtes Projekt um eine Woche zu verlängern. Am Ende jeder Woche wurde dem Komitee jede Notiz, jeder Ordner und jede Dokumentation weggenommen. Das Komitee konnte problemlos um Informationen über frühere Experimente und Projekte ersuchen, durfte aber keine eigenen Akten mehr führen, so wie es früher der Fall gewesen war.

Die Sicherheitsmaßnahmen wurden verschärft und den Erfordernissen der Zeit angepasst, insbesondere aufgrund eines neuen Gesetzes – des Freedom of Information Act. Dieses Gesetz trat 1966 in Kraft und wurde 1974 um einen Zusatz erweitert, um die Informationsbeschaffung weiter zu vereinfachen, was vor allem mit der Watergate-Affäre um Nixon zu tun hatte.

Wer im Komitee saß oder diesem unterstellt war, durfte keine Gegenstände mit zur Arbeit bringen oder mit nach Hause nehmen, nicht einmal einen Bleistift. Alles, was für die Arbeit benötigt wurde, wurde vor Ort zur Verfügung gestellt. Nur Personal, das nichts mit dem Komitee zu tun hatte, durfte Büroartikel und andere Dinge liefern oder entfernen; dem Komitee selbst war es nicht erlaubt, irgendetwas zu schreddern oder zu vernichten. Selbst der Abfall wurde von befugtem Personal abgeholt und verbrannt.

Jeder, der dem Komitee angehörte, musste vor Antritt seiner Arbeit durch einen Raum, in dem er überprüft wurde. Kleidung, Taschen, Geldbörsen und andere persönliche Gegenstände mussten im Umkleideraum verwahrt werden. Die Wissenschaftler trugen spezielle Kleidung aus Papier, die nach der Arbeit eingesammelt und verbrannt wurde.

Jeder, der das Gebäude verließ, musste sich einer Leibesvisitation unterziehen, um zu verhindern, dass Notizen oder Zeichnungen herausgeschmuggelt wurden. Nur jemand mit einem photographischen Gedächtnis hätte Informationen aus dem Gebäude herausbringen können. Aber selbst das wäre wahrscheinlich unmöglich gewesen, bedenkt man, an was die Wissenschaftler forschten. Einer von ihnen sagte einmal zu einem Kollegen: „Es wäre leichter, eine Hand voll Sand durch einen Tornado zu tragen, als Informationen aus dem Labor zu entwenden und zu erwarten, dass sie draußen vor dem Gebäude noch immer Sinn machen."

Es war kompliziert genug, mit Kollegen über all dieses „außerirdische Zeug" zu reden – erst recht also mit jemandem, der überhaupt nicht wusste, mit was sie es zu tun hatten. Daher zweifelten viele die Notwendigkeit der scharfen Sicherheitsmaßnahmen an, denen sie sich unterziehen mussten. Denn wie hätten sie draußen über all diese Dinge reden können, wenn sie doch selbst nicht verstanden, was sie da in Händen hielten? Wenn sie abends nach Hause gingen, war es, als erwachten sie aus einem Traum. Es war ihnen verboten, mit ihren Ehegatten über die Arbeit zu sprechen, und das taten sie auch nicht. Nicht etwa, weil sie fürchteten, dass man es herausfand (und darüber bestand kein Zweifel), sondern aus Angst davor, dass ihre Familie sie für verrückt halten würde.

Zu dem Vertrag, den die Wissenschaftler unterzeichnet hatten, gehörte auch, dass sie sich damit einverstanden erklärten, sich sowohl auf der Arbeit als auch zu Hause überwachen zu lassen. Für Regierungsmitarbeiter war dies nichts Außergewöhnliches, insbesondere nicht für diejenigen, die in Bereichen mit hoher Sicherheitsstufe tätig waren. Eine Überwachungsmethode bestand darin, Fensterscheiben mit Mikrowellen zu beschießen und die reflektierten Wellen auszuwerten. Die Mikrowellen erkennen kleinste Schwingungen auf der Glasfläche, wie sie durch Gespräche oder andere Geräusche entstehen. Die meisten solcher Schwingungen sind so minimal, dass sie mit bloßem Auge nicht wahrgenommen werden können. Dabei ist es unerheblich, wie viele Gespräche oder Hintergrundgeräusche gleichzeitig im Innern des Gebäudes zu hören sind. Ein Computer bildet die Schwingungen nach und ist in der Lage, ein bestimmtes Gespräch oder auch alle Unterhaltungen zu rekonstruieren.

So wurden die Stimmabdrücke aller erfasst und gespeichert, die je an einem geheimen Programm mitgewirkt haben. Mit diesen Informationen ist es einem Überwachungsteam möglich, sich einen bestimmten Mitarbeiter herauszugreifen und ihn abzuhören, ganz gleich, ob er sich im Auto, im Büro, zu Hause oder im Freien aufhält.

In den wöchentlichen Weiterbildungsseminaren, die das Komitee für Abteilungsleiter abhielt, war Sicherheit das Hauptthema. In einem dieser

Seminare berichtete ein CIA-Sicherheitsbeamter, dass vor dem Abwurf der Atombombe auf Japan weniger als ein Dutzend Menschen weltweit wusste, wie man eine solche Bombe baute. Selbst heute noch wissen nur Wenige, wie man atomare Teilchen dazu bringt, derart heftig zu reagieren. Dennoch drang das Wissen nach außen, und innerhalb kürzester Zeit verfügten viele Länder über Atomwaffen. „Es ist naiv zu glauben, dass Amerika das einzige Land im Besitz eines außerirdischen Raumschiffs sei", sagte der CIA-Agent. Es liege nahe, so sagte er weiter, dass Länder, die bereits über außerirdisches Wissen verfügten, alles unternehmen würden, um mehr zu erfahren, und zwar unabhängig davon, wie viele außerirdische Gegenstände sie bereits besäßen.

Die Angst davor, dass die Informationen an die Öffentlichkeit gelangen könnten, war eher zweitrangig. Was das Komitee fürchtete, war vor allem, dass das Material einem konkurrierenden Land in die Hände fiel. Die Öffentlichkeit wurde mit Falschinformationen abgespeist, seit das Raumschiff geborgen worden war. Dies geschah, um die Bevölkerung zu verwirren und es für ausländische Agenten schwieriger zu machen, an verlässliche Informationen zu gelangen. Viele dieser Falschinformationen wurden nicht vom Komitee selbst herausgegeben, sondern von einer Behörde, die eng mit diesem zusammenarbeitete.

Die Herausgabe von Informationen geschah ohne klare Linie. Diejenigen, denen das Komitee unterstand, hatten unmissverständlich angeordnet, dass nichts über das UFO-Phänomen an die Öffentlichkeit dringen dürfe. Dann aber widersprachen sie sich selbst, indem sie veranlassten, dass zum Zwecke der Fehlinformation bestimmte Wahrheiten über den Untergrund doch ans Tageslicht kommen sollten. Ein Teil des freigegebenen Materials entsprach der Wahrheit, war aber zugleich derart bizarr, dass es zu den ersten Fakten gehörte, die von den Kritikern des UFO-Phänomens verrissen wurden. Die Kampagne, die dazu diente, die gesamte private UFO-Forschung in Verruf zu bringen, benötigte nur geringe finanzielle Mittel. „Wesen“ aus dem Weltall oder aus anderen Dimensionen erschienen so undenkbar, dass die Kampagne buchstäblich zum Selbstläufer wurde und das Komitee sich nicht großartig bemühen musste.

Den tausenden, ja möglicherweise Millionen von Menschen, die von der Existenz von Außerirdischen überzeugt sind, stehen Millionen gegenüber, die nicht daran glauben. Ein großer Teil der Menschheit glaubt an gar nichts – insbesondere dann nicht, wenn man es nicht sehen, schmecken oder anfassen kann. „‚Verrückte, die von Wundern sprechen oder kleine grüne Männchen mit großen Augen sehen, sollten eingesperrt werden.' – Da solche Meinungen in der Öffentlichkeit vorherrschen, sollte das Komitee kaum Sicherheitsmaßnahmen ergreifen müssen", hieß es in einem Dokument.

Sicherheitsmaßnahmen dienten vorrangig dazu zu verhindern, dass Informationen in die Hände von Agenten fremder Regierungen fallen – Regierungen, die nicht nur an das Seltsame und Unerklärliche glauben, sondern auch noch immense Summen dafür ausgeben, um so viel von diesem „Humbug" zu ergattern wie möglich. Nationen und Menschen, die ganz auf die „fassbaren" Dinge dieser Welt fixiert sind, verpassen einiges an Magie und Rätseln – den einzig tatsächlich realen Dingen des Lebens.

Die Macht der Immateriellen

In den 1970er Jahren brannten die Komiteemitglieder auf Antworten – nicht etwa auf Geheiß von „oben", sondern aus dem verzweifelten Drang heraus, mehr über die Außerirdischen zu erfahren. Alle Mitglieder des Komitees waren besessen von diesem Drang, so als stünden sie kurz vor einer bahnbrechenden Entdeckung im Hinblick auf das Raumschiff. Ablesen ließ sich diese Besessenheit nach außen hin lediglich daran, dass es Phasen gab, in denen keiner der Wissenschaftler abends nach Hause gehen wollte. Sie arbeiteten sich buchstäblich zu Tode, um die außerirdischen Rätsel besser zu begreifen. Im gleichen Zeitraum brachten einige regionale UFO-Gruppen die Presse dazu, ein paar Kongressabgeordnete unter Druck zu setzen, um Informationen über die UFO-Vertuschung preiszugeben. Das Gespenst der Enthüllung rappelte an der Tür. Würde diese nachgeben, bevor es dem Komitee gelang, alles Wichtige über das Raumschiff zu erfahren? Das Komitee betrachtete die drohende Offenlegung mit Sorge und fürchtete, es könne seinen Stand einbüßen. Wenn die Welt von derart geheimen Projekten erführe, würde dies das Ende des Komitees bedeuten und vielleicht sogar das gesamte Land ins Chaos stürzen.

Doch die Angst erwies sich als unbegründet. Einige Politiker schlugen zwar öffentlich mit der Faust auf den Tisch und schworen, bis zum Grund dieser Verschwörung durchzudringen, aber das geschah nur zum Schein, um die wenigen UFO-Verrückten unter ihrer Wählerschaft zu beschwichtigen. Die Durchschnittsamerikaner waren an der ganzen UFO-Phantasterei nur mäßig interessiert. Die meisten Politiker wissen, dass ihnen nur ein begrenzter Spielraum für Nachforschungen zur Verfügung steht, und erwarten auf Fragen zu bestimmten Themen nicht wirklich eine Antwort – und zu diesen Themen gehören auch UFOs. Immerhin erreichten sie damals, dass die amerikanische Luftwaffe einige Akten freigab – wenngleich es unbedeutende Scheinakten waren, die speziell für diesen Zweck erstellt worden waren.

Politiker wissen – oder sollten zumindest wissen –, dass man sie nur abspeist. Aber das kümmert sie nicht; ihnen genügt es, den Anschein zu erwecken, dass sie sich um die Wahrheit bemühen. Jede

Demokratie hat Grenzen, und auch in den Vereinigten Staaten als vermeintlich bestem Beispiel einer Demokratie wird es nie so weit kommen, dass das gemeine Volk erfährt, was hinter den Kulissen der Regierung vor sich geht.

Doch gibt es immer einen hitzköpfigen Neuling in Repräsentantenhaus oder Senat, der versucht, die Tür dennoch einzurennen, weil er glaubt, er könne die UFO-Verschwörung aufdecken. Nach etwa ein, zwei Wochen, spätestens nach einigen Monaten gibt dann auch er klein bei, ist nicht länger auf Kampf aus und pickt wie die anderen die Krumen der Täuschung, die ihnen hingeworfen werden. „Es gibt Dinge in der realen Welt, von denen die Allgemeinheit nichts zu wissen braucht; dazu gehören auch Außerirdische", hieß es in einem Memo, das anonym an einen Senator geschickt wurde, der ebenfalls versuchte, an Informationen über die UFO-Verschwörung zu kommen und scheiterte.

Alle Komiteemitglieder waren sich bewusst, dass sie Geheimnisse kannten und mit Wissen in Berührung gekommen waren, für die sie wie auch die übrige Menschheit noch nicht bereit waren. Für die meisten von ihnen stellte dies ein Dilemma dar.

Viele, die an dem Programm mitwirkten, hätten dies kein zweites Mal getan. Doch aus dem Programm auszusteigen, war unmöglich; die Wissenschaftler wussten zu viel. Ironischerweise hätten die Wenigsten das Programm jetzt noch verlassen wollen, wenn man ihnen die Wahl gelassen hätte – denn das hätte das Wissen um die Technologie der Außerirdischen nicht aus ihrem Kopf gelöscht, und es war unmöglich, mit diesem Wissen ein normales Leben zu führen. Ihr einziger geistiger Halt bestand darin, mit Gleichgesinnten zusammen zu sein, die in der gleichen Zwickmühle steckten.

Sobald über die Entführung von Menschen eine Verbindung zu den Außerirdischen hergestellt werden könnte, so war das Komitee sich sicher, würde man die Geheimnisse der menschlichen Evolution und vielleicht noch einige weitere Rätsel des Universums entschlüsseln können. Das Komitee glaubte mehrmals, kurz davor zu stehen, diese Verbindung hergestellt zu haben, aber die Außerirdischen schlüpften ihm immer wieder durch die Finger. Es hatte seine UFO-Jagd aufgegeben und hoffte nun, dass die Außerirdischen ihm anderweitig in die nächste Entdeckungsphase helfen würden.

Die Komiteemitglieder wussten, dass die Außerirdischen sie beobachteten, denn sie spürten ihre Gegenwart. Sie hegten den Verdacht, dass in ihren Reihen jemand mit den Außerirdischen konspirierte oder gar ein Außerirdischer in Menschengestalt war und an den geheimen Komiteesitzungen teilnahm. Nachdem die kleine Kammer im Raumschiff den verletzten menschlichen Körper wiederhergestellt hatte, war der Gedanke, dass die Außerirdischen menschliche Gestalt annehmen konnten, beängstigend real geworden. Es war auch möglich, dass die Außerirdischen das Komitee zu diesem Schluss lenkten. Das Komitee vermutete, dass die Außerirdischen den Körper im Raumschiff nutzen konnten, um in die irdische Sphäre einzutreten. „Vielleicht konnten sie so unerkannt in unsere Welt vordringen“, lautete ein Gedanke, der in den Komiteesitzungen zur Sprache kam. Der Körper war wie ein Fahrzeug im Leerlauf: Der Motor lief, aber niemand saß am Steuer. Der Körper saß im Inkubationsraum und wartete darauf, dass etwas oder jemand die Kupplung trat und den ersten Gang einlegte.

Unter Hypnose tun Menschen Dinge, an die sie sich nicht mehr erinnern, sobald sie aus dem

Hypnosezustand erwachen – dieser Gedanke gab den Anstoß zu der Vermutung, dass es möglich sei, den Körper auch ohne Bewusstsein handeln zu lassen. Man wollte sehen, ob sich der leblose Körper vielleicht mittels ASW (außersinnlicher Wahrnehmung) kontrollieren ließ. Konnten die Außerirdischen den Körper dergestalt kontrollieren? Und mussten sie dafür in ihn eindringen oder konnten sie ihn „fernsteuern"? Wenn dies zutraf, konnten dann vielleicht auch die Wissenschaftler den Körper mit Hilfe von medial veranlagten Menschen und Hypnose kontrollieren? Mit Fragen dieser Art befasste sich das Komitee. Der erste Ansatz, diese Theorie zu prüfen, bestand darin zu testen, ob der Körper auf die Gedankenwellen eines Mediums reagierte. Nach mehreren Versuchen schaffte einer der Hellseher es tatsächlich, den Körper dazu zu bringen, die Finger zu bewegen. Leider aber war das alles, was man erreichte, und so wurde das Projekt nach sechs ermüdenden Monaten wieder aufgegeben.

Das Experiment zog negative Folgen nach sich. Wenige Wochen später berichteten zwei Wissenschaftler, die in der Nähe des Körpers arbeiteten, dass dieser plötzlich Lebenszeichen von sich gab, so „als sei er aus einem Koma erwacht", wie es in dem entsprechenden Bericht hieß. Weiter sagte der Zeuge: „Der Körper stand auf und fing an zu tanzen, bevor er mit einem Mal herumfuhr, mich direkt ansah und mit einer Reihe von Obszönitäten überschüttete." Bei einem anderen Vorfall griff der Körper einen der Wissenschaftler an, die ihn für ein anderes Experiment kurzzeitig aus dem Raumschiff geholt hatten. Nähere Angaben wurden nicht gemacht.

Diejenigen, die persönlich die Possen dieses Körpers erlebt hatten, weigerten sich künftig, das Raumschiff zu betreten. Ein Skeptiker im Komitee schrieb die angeblichen Vorfälle der starken Erschöpfung der Betroffenen zu. Den übrigen Komiteemitgliedern sagte er, das „sogenannte Erwachen" lasse sich damit erklären, dass das Raumschiff die Menschen auf verschiedenste Weise psychisch beeinflusse und die Wirklichkeitswahrnehmung verzerre. Das erklärte zwar nicht das Vorkommnis, das angeblich außerhalb des Raumschiffs stattgefunden hatte, aber das Komiteemitglied, das diese Angelegenheit prüfte, glaubte auch nicht an diesen Vorfall.

Andere im Komitee dagegen waren überzeugt davon, dass etwas vorgefallen war, aber sie fragten sich, warum der Körper, der sich zwei Jahre lang nicht gerührt hatte, nun plötzlich anfing, den Wissenschaftlern Streiche zu spielen. Ein Mitglied des Komitees glaubte den Behauptungen der Wissenschaftler und schrieb das Phänomen den Experimenten mit den Hellsehern zu. Er behauptete, dass diese Versuche einem Poltergeist Zugang zu dem leeren Bereich im Gehirn verschafft haben könnten, in denen zuvor der Geist des Mannes gewohnt hatte, dem der Körper ursprünglich gehört hatte. „Wenn medial begabte Personen in begrenztem Maße in der Lage sind, ins Hirn dieses Körpers einzudringen und dieses zu aktivieren, wie durch die Fingerbewegungen gezeigt wurde, wäre es dann nicht denkbar, dass ein Geist oder ein anderes immaterielles Wesen ebenfalls in den Körper eindringen könnte?“, fragte er das Komitee.

Das Komitee spaltete sich in diejenigen, die an die mögliche Existenz von Geistern glaubten, und diejenigen, die diese Idee für lächerlich hielten. Es mutet merkwürdig an, dass überhaupt jemand im Komitee nach allem, was sie gesehen hatten, noch an der Existenz „seltsamer Phänomene“ zweifeln konnte. Dennoch waren einige der Komiteemitglieder nicht von der Poltergeist-Idee überzeugt. Sie alle stimmten darin überein, dass mehr Versuche nötig seien, bevor man zu einem endgültigen Urteil kommen könne. Nachdem der Körper einige Wochen innerhalb wie auch außerhalb des Raumschiffs beobachtet worden war, kam man zu dem Schluss, dass dieser tatsächlich unter übersinnlichen Einfluss geriet – aber nur, sobald er den Inkubatorraum und auch das Schiff verließ.

Vielleicht hatten die parapsychologischen Experimente aber auch gar nichts mit den unheimlichen Streichen zu tun. Die Wissenschaftler konnten den Körper von einem Ort zum anderen bewegen, indem sie ihn einfach bei der Hand nahmen und führten. Blieb der Körper länger als zehn Minuten unbeaufsichtigt, ging er einfach zurück in den Inkubatorraum. War der jeweilige Wissenschaftler noch nicht fertig mit seinem Versuch, dann nahm er den Körper einfach erneut bei der Hand und führte ihn dorthin zurück, wo das Experiment stattfand. Der Körper war vollkommen fügsam; meistens jedenfalls.

Das Komitee glaubte, dass das seltsame gelbe Leuchten im Inkubatorraum vielleicht als Abschirmung gegen unerwünschte Geistwesen diente. Nach den Geistervorfällen beschloss man, den Körper mehrere Monate lang im Inkubatorraum zu lassen. Wenn die parapsychologischen Experimente tatsächlich Poltergeister heraufbeschworen hatten, dann, so glaubten die Wissenschaftler, könnte es vielleicht helfen, den Körper nicht in die ungeschützten Bereiche zu lassen und ihn so von allen vielleicht noch anwesenden Poltergeistern zu reinigen.

Offenbar half dies. Jedenfalls wurde von da an nicht mehr von seltsamen Verhaltensweisen des Körpers berichtet. Dennoch fühlte sich nach diesen sonderbaren Episoden – ob sie nun real oder eingebildet waren – niemand mehr wohl dabei, in der Nähe des Körpers zu arbeiten. Alle, die mit ihm in Kontakt kamen, waren sich mit einem Mal bewusst, dass er ein Vehikel darstellte, das „bösen und merkwürdigen Dingen" (von wer weiß wo) den Eintritt in unsere Welt ermöglichte. Bis dahin hatte der Körper keinen besonderen Namen gehabt; er war immer nur der „Körper" gewesen. Nach diesen Vorkommnissen aber taufte man ihn „Frankenstein".

Die organische Natur der außerirdischen Objekte

„Möglicherweise hat nie irgendetwas das Raumschiff verlassen", so lautete die Hypothese eines Mitglieds des Komitees. Der Mann äußerte die Theorie, als das Komitee eines Tages darüber nachdachte, wie das Raumschiff es schaffte, den Überblick über sämtliche Gegenstände in seinem Innern zu behalten. Dies wurde ausgiebig getestet: Man vergrub die Gegenstände in großer Tiefe; schoss sie hinaus ins All, Richtung Jupiter (wobei unerwähnt blieb, warum ausgerechnet Richtung Jupiter); betonierte sie ein oder umgab sie mit einer Hülle aus Blei, Stahl und einer Reihe weiterer Legierungen; man versenkte sie in den tiefsten Tiefen des Ozeans, und dennoch fand sich jedes einzelne Objekt drei Tage später wieder im Raumschiff ein. Die eingegossenen Gegenstände verschwanden spurlos aus ihrer jeweiligen Ummantelung, so als wären sie nie darin eingeschlossen gewesen. Es war, als hätte die Hülle nie etwas enthalten. Die Objekte hatten das Material, in dem sie eingegossen worden waren, nicht verdrängt – es fand sich keine Aushöhlung.

Wie war das möglich? Und aus welch überirdischem Material waren die Dinge gemacht, dass sie sich weder zerkratzen noch verbeulen oder verbrennen ließen? Sogar der Versuch, sie mit einem Druck von mehreren tausend Pfund platt zu walzen, scheiterte. Dabei wurde nicht etwa die hydraulische Presse beschädigt – das Material des außerirdischen Gegenstands sprang hinterher einfach in seine alte Form zurück, wie eine Zeichentrickfigur!

Von einigen der Objekte wurden Keramikmodelle angefertigt. Bei Objekten, die ständig ihre Form veränderten, versuchte man, die einzelnen Entwicklungsstadien nachzubilden und so ihre „Evolutionsgeschichte" festzuhalten. Die Aufgabe, für die sich permanent wandelnden Gegenstände eine Genealogie in Form von Modellen anzulegen, gestaltete sich schwierig und erwies sich manchmal als unmöglich und sinnlos. Zudem ließen sich einige der Gegenstände weder photographieren noch nachbilden – das außerirdische Patent blieb somit unantastbar. Einige der Objekte nahmen nie zweimal dieselbe Gestalt an; andere wiederum durchliefen dutzende seltsame Formen und Dimensionen und kehrten dann zu bekannten Mustern und Eigenschaften zurück.

Wenn aber keiner der Gegenstände das Raumschiff je verlassen hatte, wohin verschlug es sie dann? Holte man eines der Objekte aus dem Schiff, dann war es nicht länger dort – das klang zumindest logisch. Das Problem war nur, dass das Komitee wusste, dass nichts am oder im Raumschiff der Logik folgte. Daher bestand das größte Hindernis der Wissenschaftler darin, sich auf der Suche nach einer Antwort auf all ihre Fragen an die Logik zu klammern.

Auf einer der Schalttafeln in dem Bereich, den man für die Steuerzentrale des Raumschiffs hielt, waren alle Gegenstände, die zum Schiff gehörten, symbolisch dargestellt. Die Symbole maßen gut einen Zentimeter in Breite und Höhe, und die Fläche, auf der sie angeordnet waren, war ungefähr 90 mal 90 Zentimeter groß. Insgesamt waren 5.184 Symbole abgebildet. Wenn ein außerirdischer Gegenstand die Form veränderte, veränderte sich gleichzeitig auch das jeweilige Symbol, so als seien die beiden eins. Wurde ein Objekt aus dem Raumschiff entfernt, leuchtete das entsprechende Symbol schwach grünlich.

Einige der Wissenschaftler glaubten, dass die Symbole exakte Nachbildungen der Gegenstände darstellten. Doch das ließ sich nicht herausfinden, da die Wissenschaftler die Schalttafel nicht einsehen konnten. Im Gegensatz zu den uns vertrauten Schalttafeln nämlich, die sich vorne, seitlich oder hinten öffnen lassen, sodass man auf die Instrumente zugreifen kann, ließ sich das außerirdische Armaturenbrett nicht öffnen. Das gesamte Raumschiff wirkte wie ein metallisches Lebewesen. Nirgends gab es Nieten oder Schrauben, und auch Nähte, Lötstellen und Überlappungen waren nicht zu sehen. Auch war nicht auszumachen, wo sich Fenster oder Türen befanden. Schiff und Inhalt schienen eher organischer als synthetischer Natur zu sein. Es gab keine Scharniere, Riegel, Griffe, Gleitrollen oder Rädchen, nur eine glatte, ebenmäßige Hülle, die das gesamte Raumschiff umgab.

Das Schiff entlockte den Wissenschaftlern weit mehr Informationen als diese dem Schiff. Das war die einhellige Meinung im Komitee. Es gab nicht etwa einen tickenden Mechanismus, der darauf hindeutete, dass das Raumschiff Informationen über die Wissenschaftler sammelte. Aber das Raumschiff reagierte auf die Hilflosigkeit, mit der die Wissenschaftler herumtappten und die Dinge zu begreifen versuchten, indem es auf die Suchenden einging. Oft gab es Hinweise, welche Gegenstände welche Geräte und Öffnungen aktivierten, indem es den jeweiligen Gegenstand leuchten und/oder ein Geräusch ertönen ließ. Begriff ein Wissenschaftler nicht gleich den Zusammenhang zwischen bestimmten Informationen und dem jeweiligen Projekt, an dem er gerade arbeitete, dann erhielt er unterschwellige Hinweise von den Gegenständen. Die Art und Weise, auf die das Raumschiff den Wissenschaftlern half, ähnelte der menschlichen Herangehensweise an Probleme. Wenn wir uns lange genug mit einem Problem auseinandersetzen, dann präsentiert sich uns die Lösung oft in Form eines Traums oder einer Eingebung. Vermutlich stammen solche „Antworten“ aus unserem Unterbewusstsein. Im Raumschiff aber waren Unterbewusstsein und Bewusstsein inaktiv – nichts ergab Sinn. Daher lautete die Theorie, dass die Lösungen, die sich einstellten, vom Schiff selbst oder seinen Abkömmlingen, den Gegenständen, kamen.

Das Unterbewusstsein ist wie ein Navigationsgerät und pausenlos aktiv, damit wir Menschen uns in der dreidimensionalen Wirklichkeit, in der wir auf diesem Planeten gefangen sind, besser zurechtfinden. Das außerirdische Raumschiff aber war multidimensionaler Natur und widersprach damit dem physikalischen Verständnis des Menschen. Es schien die Unzulänglichkeit seiner menschlichen Untersucher zu spüren und führte sie Schritt für Schritt zu einigen Antworten auf ihre Fragen.

Warum hatten die Außerirdischen die Menschen mit so vielen rätselhaften Dingen auf einmal überhäuft? Hatten sie die Fähigkeit der Menschen überschätzt, eine derart fortschrittliche Kultur wie die der Außerirdischen zu begreifen? Das ist höchst unwahrscheinlich, denn wenn man bedenkt, wie überlegen und unbegreiflich ihre Technologie für uns ist, dürfte ihnen eine solche Fehleinschätzung kaum unterlaufen sein.

Woher stammt unsere Technologie?

Wie viele Aspekte der Technologie dieses Raumschiffs letztlich in irdische Technik eingeflossen sind, werden wir wohl nie herausfinden. Und auch, wie schnell diese Technologien in die Wirtschaft durchsickerten, bleibt ein Geheimnis. Angenommen, die Dokumente übertreiben in dieser Hinsicht nicht – wie gelang es den Wissenschaftlern überhaupt, Gegenstände oder Funktionsweisen dieses komplexen Schiffes zu rekonstruieren? Vielleicht ist die Antwort recht einfach. Die vom Menschen entwickelten Flugzeuge werden nach den aerodynamischen Prinzipien entworfen, die wir uns bei Vögeln und Insekten abschauen. Doch obwohl selbst unsere besten Konstrukteure keine Vögel oder Insekten erschaffen können, weil ihre „Bauweise“ einfach zu komplex ist, wissen wir genug über sie, dass wir nach ihrem Vorbild Flugzeuge und Helikopter bauen können.

Wie also konnte die außerirdische Technologie in die menschliche einfließen? Nehmen wir als Beispiel ein Industrieprodukt: In Fabriken gefertigte Produkte sind das Ergebnis vieler verschiedener

Prozesse. Die Rohmaterialien stammen von hier, das Wissen um die Verarbeitung von dort usw. Wichtig ist nicht zu wissen, wo die eine Technik endet und die nächste beginnt, oder woher sie in diesem Fall stammt – wichtig ist nur das Endergebnis. Die Technik bzw. bestimmte Informationssplitter, die geheime Komitees und Labore beisteuern, werden mit anderen Informationssplittern vermengt, die aus anderen Quellen wie Hochschulen oder Konzernen stammen, die jährlich Milliardensummen in die Forschung investieren. Das mit dem Raumschiff betraute Komitee war nur eine von vielen Quellen, die im Geheimen am großen Unbekannten forschten. Und woher die Informationen stammen, kümmert letztlich auch niemanden, solange nur immer neue Technologien auftauchen und unseren Lebensstandard verbessern.

Einer der Wissenschaftler glaubte herausgefunden zu haben, wie die außerirdischen Gegenstände einfach verschwinden und wieder im Raumschiff erscheinen konnten. Er vermutete, dass die Symbole auf der Schalttafel nicht nur Symbole, sondern gleichzeitig auch die tatsächlichen Gegenstände waren. Seiner Meinung nach handelte es sich bei den Objekten, die die Wissenschaftler aus dem Schiff holten und untersuchten, nur um entbehrliche Duplikate der Symbole. Wenn das stimmte, dann betrug die Lebensdauer dieser Duplikate etwa 72 Stunden. Der Wissenschaftler mutmaßte weiter, dass die Gegenstände sich nach 72 Stunden einfach spurlos auflösten. Untermauert wurde diese Theorie durch Berichte von Personen, die behaupteten, von Außerirdischen entführt worden zu sein. Viele behaupteten, die Außerirdischen hätten ihnen metallene Objekte eingepflanzt, aber wenn die Skeptiker Beweise forderten, blieben diese Objekte unauffindbar. Bis dahin hatte das Komitee nicht beweisen können, dass diese Gegenstände sich tatsächlich auflösten, aber diese Vermutung gehörte damals zu einer der besseren. Sie erklärte auch, warum niemals ein außerirdisches Artefakt gefunden werden und niemand je beweisen konnte, dass tatsächlich Außerirdische die Erde besuchten. Sie beantwortete auch die große Frage, die UFO-Skeptiker stets stellen: „Wenn Außerirdische wirklich die Erde besuchen, wo ist dann ihr Abfall?" Eine Antwort darauf hatte für Viele schon früher auf der Hand gelegen: Die Außerirdischen sind eben keine Umweltverschmutzer. Allerdings folgten nicht alle Gegenstände der 72-Stunden-Regel, doch wurden die Ausnahmen von dieser Regel nicht groß diskutiert.

Die Möglichkeit, dass die Symbole sich wie mikrobiologische Zellen endlos duplizieren konnten, war verblüffend. In was für einer Welt wir wohl leben würden, wenn der Mensch nur einen Teil dieser Magie beherrschte und auf Nahrungsmittelproduktion und Energieerzeugung anwenden könnte? Allerdings erschien das nächste Duplikat erst, wenn das vorausgegangene „ablief" und verschwand, was den praktischen Nutzen für den Menschen einschränkte. Es ließ sich nicht herausfinden, ob die Symbole alle drei Tage automatisch ein neues Duplikat erzeugten oder ob nur die erneuert wurden, die man aus dem Raumschiff entfernte. Die Theorie ließ sich auch nicht durch Kennzeichnen des Gegenstands prüfen, weil das Material der Gegenstände „immun" gegen alle Versuche der Wissenschaftler war, es mit einer Markierung zu versehen.

In dem Moment, als „Frankenstein" Teil des Raumschiffinventars wurde, erschien auf einer anderen Schalttafel auch sein Symbol. Wenn die

Theorie stimmte, der zufolge die Symbole die Prototypen aller Dinge an Bord darstellten, dann war es vielleicht möglich, diesen Körper als Versuchsobjekt zu nutzen und so keine weiteren Schwerverletzten zu Testzwecken zu benötigen.

Um ihre Theorie zu prüfen, trafen die Wissenschaftler eine drastische Entscheidung – den Körper zu töten. Die anderen außerirdischen Objekte waren für diesen Test nicht geeignet, weil sie unzerstörbar waren. Der Körper dagegen bestand aus Fleisch und Blut – oder zumindest glaubte man das, denn nachdem das Raumschiff ihn transformiert hatte, war sich da niemand mehr so sicher. Zunächst gingen die Wissenschaftler aber davon aus, dass der Körper sich zerstören oder töten ließ.

Keiner von ihnen meldete sich freiwillig für die Aufgabe, den Körper zu töten, obgleich dieser sich in einer Art Wachkoma befand, keine Gehirnaktivität aufwies und höchstwahrscheinlich nicht mehr als Lebewesen zu bezeichnen war. Daher bat das Komitee für diese niederträchtige Tat um einen professionellen Mörder, einen Auftragskiller, und die nebulösen Personen, denen das Komitee unterstand, kamen der Bitte nach. Das Komitee wurde aufgefordert darzulegen, auf welche Weise der Auftrag ausgeführt werden soll. Über die genauen Anweisungen des Komitees ist wenig bekannt, bis auf die Angabe, dass dem Körper aus geringer Entfernung in den Kopf geschossen werden sollte.

Der Auftrag wurde außerhalb der geheimen Anlage von einem Auftragsmörder durchgeführt, der glaubte, einen Mann zu erschießen, der der Mafia Geld schuldete. Kurz nachdem der Körper getötet worden war, führten die Wissenschaftler eine Autopsie an ihm durch und erwarteten, dabei auf die lebenserhaltende außerirdische Kreatur zu stoßen, die einige der Organe des Körpers umgeben hatte. Aber sie war nicht mehr da. Bei der Autopsie wurde nichts Ungewöhnliches festgestellt; offenbar hatte das Objekt sich wie die übrigen außerirdischen Gegenstände aufgelöst. Der Zersetzungsprozess, der kurz nach dem Tod des Körpers begann, glich dem eines normalen menschlichen Leichnams.

Der Versuch warf weitere Fragen auf, ohne auch nur eine der bereits gestellten zu beantworten. Er bewies keineswegs, dass die außerirdischen Objekte verfielen, sondern nur, dass der Körper mit dem eingepflanzten Apparat sterblich geblieben war. Das

Symbol für den Körper verschwand von der Schalttafel. Keiner der Wissenschaftler weinte dem Körper eine Träne nach; die meisten waren froh, dass er nicht mehr da war. Nachdem er verschwunden war, hob sich die Stimmung unter den Wissenschaftlern spürbar, doch das Glück war nur von kurzer Dauer: Von oberer Stelle kamen Anweisungen, dem Inventar des Raumschiffs weitere Körper hinzuzufügen.

Kontakt

Eines Morgens eröffnete ein Komiteemitglied seinen Kollegen, dass er in der Nacht zuvor von Außerirdischen entführt worden sei, was für große Aufregung sorgte. Der Mann teilte seinen Kollegen mit, dass er schon vor dem Programm mehrmals entführt worden sei und dass auch die übrigen Komiteemitglieder seit ihrer Kindheit immer wieder von den Außerirdischen geholt worden seien. Die Außerirdischen hätten zugelassen, dass er sich erinnere, weil – wie sie sich ausgedrückt hätten – es „an der Zeit“ sei.

Er hatte im Bett gelegen, als sie ihn nachts holen kamen. Im Raumschiff waren bereits andere Menschen, die kurz vor ihm entführt worden waren. Die Außerirdischen erlaubten dem Wissenschaftler zuzuschauen; zum ersten Mal war er nicht Versuchsobjekt, sondern Beobachter. Die anderen Menschen hatten kein solches Glück, und der Wissenschaftler musste mit ansehen, wie sie gequält wurden. Es stand ihm nicht frei, sich nach Belieben im Raumschiff zu bewegen; die Außerirdischen gaben ihm telepathisch zu verstehen, wohin er gehen sollte, und er gehorchte. Sie hatten sein Unterbewusstsein völlig unter Kontrolle, und er folgte ihren Befehlen wie ein Roboter. Er konnte nichts tun, als zuzusehen, wie seinem Geist die Kontrolle entzogen wurde und sein Körper unmittelbar auf die mentalen Anweisungen der Außerirdischen reagierte. Er konnte nicht sagen, welcher der Außerirdischen zu ihm „sprach“ bzw. wie viele an Bord des Raumschiffs seine Bewegungen steuerten.

Die Außerirdischen waren freundlich. Sie behandelten ihn gut und versicherten ihm immer wieder, er brauche keine Angst zu haben. Wenn er eine Frage hatte und sie bereit waren, diese zu beantworten, dann erschien die Antwort schneller in seinem Kopf, als er die Frage formulieren konnte. Stellte er eine Frage, die sie nicht beantworten wollten, dann teilten sie ihm dies mit und ließen ihn wissen, dass er vielleicht irgendwann später eine Antwort erhalten werde. Doch selbst wenn sie ein bestimmtes Geheimnis nicht preisgeben wollten, vermieden sie eine ablehnende Formulierung.

Es sei gut gewesen, dass die Außerirdischen ihn fernsteuerten, sagte er seinen Kollegen, denn seine Knie seien wie Wackelpudding gewesen und hätten geschlottert, ohne dass er dagegen etwas habe machen können. Er arbeitete seit über 25 Jahren an dem UFO-Projekt und konnte es daher nicht fassen, wie unvorbereitet es ihn getroffen habe, den Außerirdischen Auge in Auge gegenüberzustehen. Schon der bloße Gedanke an seine nächtliche Entführung ließ ihm das Herz erneut in die Hose rutschen.

Der Mann wusste, dass das, was er in jener Nacht erlebt hatte, erst der Anfang war. Die Außerirdischen erwarteten nicht von ihm, dass er irgendetwas von dem verstand, was um ihn herum geschah. Er erinnerte sich daran, dass vier erwachsene Männer bei ihm waren, die nackt auf einer Bank saßen.

Sie wirkten, als befänden sie sich in einem Ausbildungslager; sie saßen sehr aufrecht da und wirkten verloren. Sie waren nicht vollständig gelähmt. Zwei von ihnen wandten den Kopf und sahen dem Wissenschaftler direkt in die Augen. Er erkannte die Angst in ihrem Blick, denn „es war die gleiche Angst, die bestimmt auch in meinem Blick lag“.

Er erzählte seinen Kollegen, wie viel heller die Sterne wirkten, wenn man sie von oberhalb der Erdatmosphäre sehe, und berichtete, wie überglücklich er trotz seiner Angst gewesen sei. Während die Außerirdischen ihren Aufgaben nachgingen, parkte das Raumschiff irgendwo in der Erdumlaufbahn. Er wäre gerne zu einer der Türen gegangen, um die Sterne besser zu sehen und einen Blick auf die Erde zu werfen, aber die Außerirdischen gaben ihm zu verstehen, dass dies während dieses Aufenthalts nicht möglich sei.

Die Außerirdischen waren ganz auf ihre Arbeit konzentriert. Während der Patient in einer irdischen Arztpraxis Zeit hat, sich im Wartezimmer durch mehrere Magazine zu lesen, bevor er an die Reihe kommt, war den bangen Seelen im Raumschiff kaum Wartezeit vergönnt. Ein Mann nach dem anderen stand auf und begab sich in einen Raum, der so hell wie die Sonne strahlte. Kein Geräusch war zu hören, und nur der Betroffene selbst verstand, was die Außerirdischen zu ihm sagten oder ihm befahlen. Sobald ein Mann den Raum betreten hatte, materialisierten sich merkwürdige Objekte (von denen einige denen im Labor des Wissenschaftlers glichen) um den Menschen herum und hafteten an verschiedenen Körperteilen an, als sei er magnetisch. Kurz darauf und wie die Gegenstände scheinbar aus dem Nichts erschien ein zierlicher Außerirdischer, der den Mann mit der Hilfe zweier weiterer, die die ganze Zeit über schon dort gestanden hatten, auf einen Tisch hievte, wobei ihre Bewegungen seltsam schnell waren. Alles im Raum war sauber und ordentlich. Instrumente tauchten scheinbar aus dem Nichts auf, vollführten ihre Aufgabe und verschwanden dann wieder. Nur selten bedienten die Außerirdischen die Instrumente; meist schienen diese selbstständig zu agieren, oder vielleicht steuerten die Außerirdischen sie auch telepathisch.

Der Raum, in dem die vier Männer nacheinander verschwanden, ähnelte einem der Räume an Bord des Raumschiffs, das die Wissenschaftler untersuchten, nur dass in Letzterem noch nie Instrumente aus der Wand geschmolzen waren oder sich mitten in der Luft materialisiert hatten. Es war der einzige Raum, der ihm vertraut schien. Dieses Raumschiff war acht- bis zehnmal größer als das des Komitees. Er sah nicht viele Außerirdische, spürte aber, dass dutzende von ihnen an Bord waren.

Der Wissenschaftler beobachtete, wie die Außerirdischen in schwindelerregendem Tempo arbeiteten. Es war das Furchteinflößendste, das er je gesehen hatte, und er hatte nur den Wunsch, so schnell wie möglich zu entkommen. Das entbehrte nicht einer gewissen Ironie – sein Leben lang hatte er auf diesen Moment gewartet, und nun, da er eingetreten war, wollte er ihn nie wieder erleben. Nach dem ersten Schock, mit ansehen zu müssen, wie Menschen Dinge erleiden mussten, die sie unter irdischen Umständen zu Krüppeln gemacht hätten, wich ein Teil seiner Anspannung, denn sie alle verließen den Raum ohne erkennbaren Schaden.

Nach dieser Geschichte dachten die Komiteemitglieder daran, sich einer Regressionstherapie zu unterziehen, um herauszufinden, ob diese Entführungen tatsächlich stattgefunden hatten und, wenn ja, zu erkunden, was für Erfahrungen sie mit den Außerirdischen gemacht hatten. Niemand von ihnen erinnerte sich bewusst an eine Entführung; sie hatten nur das Wort ihres Kollegen.

Das Komiteemitglied, das entführt worden war, hieß Bill Smith. Bill riet ihnen von einer Rückführung ab. Nach dem zu urteilen, was er gesehen habe, sagte er ihnen, sei das, was die Außerirdischen mit ihnen gemacht hätten, bestimmt sehr schmerzhaft gewesen, und es sei daher nicht empfehlenswert, es ein weiteres Mal zu durchleben.

Trotz der schrecklichen Dinge, die die vier Männer hatten erleiden müssen, war Bill fasziniert davon, wie präzise die Außerirdischen und ihre Geräte arbeiteten. Es sei auf bizarre Weise erstaunlich und komisch zugleich gewesen, berichtete er seinen Kollegen. Wäre er nicht so verängstigt gewesen, hätte er sich wahrscheinlich totgelacht. Die Außerirdischen hantierten mit den vier Männern, als handele es sich um Stoffpuppen, und der Anblick war auf perverse Art amüsant. Es war, als sei er in eine Horde verrückter Zauberer geraten. Seltsame Gegenstände flogen oder schwebten durch den Raum, verharrten dann und wann über dem Tisch, auf dem einer der

Entführten lag, und vollführten Hüpfer und rituell anmutende Tänze, um dann erneut durch den Raum zu fliegen und in der Luft zu tanzen und zu taumeln wie ein Schamane.

Einige der Außerirdischen sahen aus wie Menschen – oder vielleicht waren es Menschen, die an Bord eine Art Praktikum machten und ebenfalls Zeuge des Wahnsinns wurden, der um Bill herum vorging. Wenn sie tatsächlich Menschen waren, dann waren sie schon einen Schritt weiter als Bill, denn sie bewegten sich ungehindert und zwanglos umher, offenbar ohne Angst.

Einige Instrumente schienen organischer Natur zu sein; sie bewegten sich und sahen aus wie große Würmer vom Durchmesser eines Staubsaugerrohrs. Sie schmolzen aus scheinbar massiven Oberflächen hervor, hinterließen aber kein Loch, wenn sie aus diesen Flächen aus- oder in sie eintraten.

Doch was auch immer mit den Entführten angestellt wurde, das Ergebnis war nie willkürlich, sondern im Voraus bekannt. Einen der Männer schnitten die Außerirdischen buchstäblich mittendurch, wie ein Stück Schlachtvieh, und nur Sekunden später setzten sie ihn wieder zusammen.

Weder floss Blut noch blieb eine Narbe zurück. Das Blut des Mannes schien sich zu verfestigen oder zu gefrieren, sodass es nicht herausströmte oder -spritzte, als ihm Gliedmaßen amputiert wurden. Einem der Entführten wurden Arme und Beine mit einer Art Laser abgeschnitten, wobei er bei vollem Bewusstsein war. Er schrie und brüllte während der gesamten Prozedur, aber er wurde nicht ohnmächtig (vermutlich verhinderten die Außerirdischen, dass er in Ohnmacht oder einen Schockzustand fiel). Bill hatte das Gefühl, als müsse er sich übergeben, konnte aber nicht, denn auch das wurde von den Außerirdischen kontrolliert. Sie sagten Bill nicht, ob das Gezeigte eine Vorführung für ihn und möglicherweise auch andere war, aber es war für ihn die einzige Erklärung.

Alle Entführten wurden ambulant behandelt und lagen nicht etwa tage- oder wochenlang da, um unter der Pflege von Krankenschwestern zu genesen. Sobald sie den Operationsraum verließen, konnten sie zurück in ihr Schlafzimmer bzw. an den Ort gebracht werden, von dem sie geholt worden waren.

Durch die Schmerzen mochte es den Entführten vorgekommen sein, als wären Stunden vergangen, aber Bill meinte sich zu erinnern, dass niemand länger als zwei, drei Minuten unter dem Messer gelegen habe. Vielleicht war die Zeitspanne auch ein wenig länger oder kürzer gewesen – das ist an Bord eines außerirdischen Raumschiffs schwer einzuschätzen.

Experimente an Zivilpersonen

Das Komitee hatte keine Schwierigkeiten, sich Nachschub an Verletzten und Kranken für Experimente zu besorgen. Weltweit sitzen in Pflegeheimen und Krankenhäusern Menschen, die keine nahen Verwandten oder Freunde haben. Auf diesen Pool griff das Komitee zurück. Dabei bildeten Pflegeheime die erste Wahl, denn, so sagte ein Komiteemitglied: „Pflegeheime sind wie Kaufhäuser mit einem Sortiment an Verdammten. Die Glücklichen unter ihnen sind sich ihrer Umgebung kaum bewusst. Viele sind nur noch aufgrund der Medikamente am Leben, die man tagtäglich in sie hineinpumpt." Die meisten im Komitee waren der Ansicht, dass die Experimente humaner für diese Menschen waren als das Leben, das sie im Pflegeheim führten. „Sie aus dem Heim zu holen war, als rette man sie vor einem Schicksal, das härter war als der Tod. Nichts ist schlimmer als ein Pflegeheim", lautete die Aussage eines anonymen Wissenschaftlers. Obwohl sie schwach und kaum mehr bei Bewusstsein waren, lebten einige der alten Menschen merklich auf, wenn die Wissenschaftler sie holten. Zu Beginn der „Operation Grauhaar" (was kein offizieller Codename war) stellte das Komitee ein Ärzteteam zusammen, um Patienten, um die es besonders kritisch stand, aus nicht näher genannten Heimen zu holen.

Die vom Alter gezeichneten Menschen waren ein erbarmungswürdiger Anblick, und keiner im Komitee wollte ihr Leid noch vergrößern. Daher wurde nur mit denjenigen experimentiert, die nichts mehr um sich herum wahrnahmen und ohnehin an der Schwelle des Todes standen. Es klingt furchtbar, hilflosen Menschen derart grausame Dinge anzutun, aber viele von ihnen wurden auf wunderbare Weise von ihren körperlichen und geistigen Leiden geheilt. Die meisten der Alten litten an schweren Formen von Demenz, Arthritis, Diabetes oder einem Leber- oder Nierenproblem, und wenn sie ins

Alters- oder Pflegeheim zurückgebracht wurden, erfreuten sie sich oft wieder bester Gesundheit. Dies stellte das Komitee zunehmend vor ein Dilemma, denn ein solches Ergebnis hatte man nicht erwartet. Das Komitee hatte damit gerechnet, die städtische Leichenhalle zu frequentieren, und nicht etwa verjüngte Senioren zu ihrem Heim zurückzuchauffieren. Zudem waren diese Senioren keineswegs gewillt, ins Heim zurückzukehren. Das hochgeheime, ausschließlich im Untergrund operierende Komitee war nicht als Durchgangsstation für auf wunderbare Weise genesende alte Menschen angedacht, die nun ihr Leben wieder aufnehmen wollten. Denn auch „freilassen" wollte man sie im Grunde nicht – das Komitee hatte vor, sie einige Jahre lang zu beobachten, um zu sehen, wie sie sich entwickelten und ob die Heilung dauerhaft oder nur vorübergehend war. Das Programm wurde vorerst auf Eis gelegt, bis eine Lösung gefunden war, durch die man Herr über das Wespennest werden konnte, in das man gestochen hatte.

Von Altersproblemen gebeugte Menschen abzuholen und sie dann gesünder als das Pflegepersonal selbst zurückzubringen, weckte schließlich die

Aufmerksamkeit der Medien, und ein Ereignis ließ das ganze Programm beinahe auffliegen. Das Komitee reagierte prompt und verwischte alle Spuren. Dann stellte es neue Spielregeln auf und siedelte die Senioren um, die sich noch in der Genesungsphase befanden. Man gab ihnen eine neue Identität und ein neues Leben, und zwar fernab, wo sie keine unnötige Neugier erwecken konnten.

Die alten Menschen selbst ahnten nichts von den wahren Umständen. Sie nahmen an, dass sie krank geworden und von Sanitätern in ein örtliches Krankenhaus gebracht worden seien. Sie hatten keinen Anlass, etwas anderes zu glauben. In den Unterlagen wird nicht erwähnt, wie das Komitee mit den Erinnerungen der Leute verfuhr – vielleicht wurden die alten Erinnerungen gelöscht und neue eingepflanzt. Die außerirdischen Geräte dazu besaß es schließlich. Das Pflegeheim wurde in einem solchen Fall darüber informiert, dass der jeweilige Patient gestorben und kremiert worden sei. Bevor jemand für Experimente herangezogen wurde, wurde der familiäre Hintergrund des Betreffenden gründlich überprüft, um sicherzustellen, dass er tatsächlich keine lebenden Verwandten oder Freunde hatte, die sich plötzlich für den Wiederbelebten interessieren konnten. Die Medien verloren bald das Interesse, als sich niemand finden ließ, der Beweise für das Geschehen liefern konnte. Ein paar Alte (diejenigen, die noch ins Heim zurückgebracht worden waren, bevor man diese Strategie änderte), die sich an nichts erinnern konnten, genügten nicht, um die Neugier der Presse aufrechtzuerhalten.

Der Mythos von der menschlichen Selbstbestimmung

Die Außerirdischen zu begreifen war ein langsamer, schwieriger Prozess. Das aber war nicht die größte Herausforderung für die Wissenschaftler – es war die Arroganz, die sich im Komitee aufgrund seiner Unantastbarkeit breitgemacht hatte. Diese Form von Macht war nur schwer kontrollierbar, und die daraus resultierenden Kämpfe innerhalb des Komitees gefährdeten die Geheimoperation mehr als einmal. Denn die Wissenschaftler waren keineswegs unangreifbar, auch wenn das die vorherrschende Meinung unter ihnen war. Was in den

Pflegeheimen geschehen war, konnte zwar nicht mit ihnen in Verbindung gebracht werden, weil sie von zu vielen bürokratischen Schichten geschützt wurden, um je gefasst werden zu können. Was ihre Vorgesetzten aber durchaus mit Sorge erfüllte, war die Möglichkeit, dass sich die großen Medien ernsthaft in diese Vorkommnisse verbeißen und eine groß angelegte Untersuchung einleiten könnten, die womöglich in eine „echte" Untersuchung durch den Senat münden würde.

Mit der Ausrüstung, über die das Komitee verfügte, konnte es noch verschwiegener als bisher zu Werke gehen, sodass es theoretisch so gut wie unsichtbar war. Nur eine Handvoll Personen weltweit wusste und weiß überhaupt von der Existenz des Komitees, doch nun, mit Hilfe der außerirdischen Gegenstände, konnte es sich im wahrsten Sinne des Wortes unsichtbar machen. Anfangs wagten die Wissenschaftler nicht, von dem Arsenal an außerirdischen Apparaten Gebrauch zu machen, das sie quasi als Joker im Ärmel hatten – insbesondere nicht außerhalb ihres Sicherheitsbereichs, außerhalb der gut geschützten Operationsbasis. Sie fürchteten, dass schon eine verpatzte Mission genügen könnte, um die Operation auffliegen zu lassen und dadurch letztlich die gesamte Organisation zu zerschlagen.

Alle am Programm Beteiligten, Komiteemitglieder wie Wissenschaftler, wurden von einem Team beschattet, das sich vielleicht am treffendsten als „Aufräumkommando“ bezeichnen lässt. Die Aufgabe dieses Kommandos bestand darin, sie und ihre Ausrüstung binnen Minuten zu liquidieren, sofern eine Mission Gefahr lief aufzufliegen. Einen oder alle von ihnen auf der Stelle zu töten, war nicht etwa der letzte Ausweg, sondern eine Gewissheit, sofern eine Evakuierung nicht angeraten war. Die Formulierung „nicht angeraten“ beunruhigte die Komiteemitglieder am meisten. Wie war es möglich, dass Wissenschaftler und Komitee einerseits unangreifbar, andererseits aber durchaus entbehrlich waren? Dieser Gedanke war für das von seiner Vormachtstellung überzeugte Komitee nur schwer zu verkraften. Als Folge der plötzlich so flüchtigen Natur ihres Daseins mieden sie weitestgehend die Öffentlichkeit und riskante Auftritte außerhalb der gesicherten Anlage. Doch die Angst davor aufzufliegen war nicht das Einzige, was sie vorsichtig machte; es gab noch andere Gründe dafür, dass sie nur zögerlich bereit waren, das Gelände mit den außerirdischen Apparaten zu verlassen und sie an arglosen Zivilpersonen auszuprobieren. Die einhellige Meinung, dass die Privatsphäre eines Hauses unantastbar sei, nagte am Gewissen der Komiteemitglieder. An den Gedanken, in Heim und Schlafzimmer eines Menschen einzudringen, ohne dass dieser davon Kenntnis hatte, mussten sie sich erst gewöhnen.

Was ihnen dabei half, war das Wissen, dass täglich tausende Menschen von Außerirdischen besucht (bzw. überfallen) werden. Nur Wenige von ihnen wissen, dass sie entführt werden; der Großteil bekommt davon nichts mit.

Das Komitee sah sich genötigt, in ein Reich vorzudringen, das vor ihm noch niemand betreten hatte – einen Ort, der bis dahin allein den Außerirdischen gehört hatte.

Wir Menschen messen unserer Privatsphäre einen hohen Stellenwert bei. Wir sind so naiv zu glauben, dass unsere intimsten Gedanken uns allein gehören. Doch damit leben wir eine Phantasie, eine Illusion. Die körperliche wie auch die geistige Privatsphäre ist – laut den Unterlagen des Komitees – ein menschlicher Trugschluss. Zu dieser Erkenntnis kamen die Komiteemitglieder schon kurz nachdem man sie in das Programm eingeführt hatte. Das brachte sie zu dem Schluss, dass man niemandes Vertrauen brechen kann, da ja Wahrheit und Vertrauen ihrerseits nur Illusion sind.

Nach einigen Monaten oder auch Jahren – niemand weiß genau, wie lange man Senioren aus Heimen holte – entschied das Komitee, dass alte Menschen aus Pflegeheimen nach wie vor die am besten geeigneten und sichersten Versuchspersonen seien. Die alten Leute waren fügsam, obwohl die Wissenschaftler oft recht unsanft mit ihnen umsprangen. Nun aber gingen die Wissenschaftler anders vor als bisher: Anstatt die alten Menschen wie anfänglich ganz offen aus den Heimen zu holen, entführten sie sie einfach. Die Wissenschaftler verschafften sich mit den außerirdischen Geräten, mit deren Hilfe sie durch Wände und andere massive Objekte dringen konnten, Zutritt zu den Heimen. Für den Transport von Senioren und Gerätschaften benutzten sie einen zivilen Kleinbus. Die außerirdischen Apparate passten in eine Brieftasche und verhielten sich meistens zahm (was durchaus nicht immer der Fall war). Das Pflegeheim, das sie sich für ihren ersten Feldversuch ausgesucht hatten, lag in einer ländlichen Gegend, viele Kilometer fernab der nächsten größeren Stadt. Sie hatten dieses Mal keine eigenen Leute in das Heim eingeschleust wie zuvor; es war ein Testlauf, um zu sehen, wie sich das Unternehmen im freien Feld gestaltete. Die Anweisungen waren einfach: Sie sollten eine Insassin entführen, sie entweder zur vorübergehenden Basis bringen oder mit ihr umherfahren und sie zwei Stunden später genau dorthin zurückbringen, von wo sie sie geholt hatten. Sie hofften, dass die Mission abgeschlossen wäre, bevor irgendwer im Heim das Verschwinden der Frau bemerkte. Abgesehen von einer zweistündigen Überlandfahrt war nichts mit der Frau geplant, und für den Fall, dass es zu unvorhergesehenen Komplikationen kam, sollten sie umgehend zur Basis (einem provisorischen Versteck) zurückkehren.

Sie erreichten das Pflegeheim eine Stunde nach Einbruch der Dunkelheit. Ein Komiteemitglied, das ein separates Zivilfahrzeug fuhr, drang als Erstes in das Gebäude vor. Er benutzte den Haupteingang, meldete sich als staatlicher Kontrolleur an und sagte der Pflegekraft an der Rezeption, er sei hier, um eine „Überraschungsinspektion“ durchzuführen. Er hatte alle nötigen Papiere bei sich, und für den Fall, dass das Personal sich telefonisch bei den zuständigen Behörden würde rückversichern wollen, hatte das Komitee die Telefonanlage des Heims angezapft, sodass man das hinausgehende Telefonat würde abfangen können.

Während der Mann die Belegschaft ablenkte, sahen sich drei weitere Komiteemitglieder vom Kleinbus aus nach einem dunklen Winkel um, der vom Empfangsbereich aus nicht einsehbar war. Nachdem sie fündig geworden waren, drangen sie mit Hilfe des außerirdischen Geräts durch die Backsteinmauer – oder, wie einer der Männer sich ausdrückte: „Wir wurden in das Gebäude hineingesogen.“ Sie tauchten in einem Zimmer auf, das eine etwa 90-jährige Dame bewohnte. Sie saß in einem Rollstuhl allein in einer Ecke des Zweibettzimmers, und sie schien zu schlafen. Der Fernseher lief mit abgeschaltetem Ton.

Sie spürten nichts beim Durchdringen der Mauer; es war, als sei sie aus Rauch. Doch das Energiefeld, das von dem außerirdischen Kästchen ausging, ließ den Fernseher sowie das Licht in Zimmer und angrenzendem Flur flackern. Sie hatten das Betreten an einem ähnlichen Gebäude auf der Basis geübt, doch hatten sie nicht erwartet, dass das Personal gesammelt herbeiströmen würde, wie es bei diesem Feldversuch geschah.

An diesem Abend hatten sechs Pflegekräfte Dienst. Als die Lampen in jenem Gebäudeteil zu flackern begannen, rannten sie alle herbei. Das Komiteemitglied, das die Angestellten mit seiner „Überraschungsinspektion" hatte ablenken sollen, hatte sie stattdessen so nervös gemacht, dass sie überreagierten.

Den Komiteemitgliedern im Zimmer der alten Dame blieb nichts anderes übrig, als die Pflegekräfte zu paralysieren. Dazu genügte es, die jeweilige Person mit dem außerirdischen „Laserpointer" einmal kurz an der Stirn zu berühren und ihnen dann die münzgroßen Metallplättchen auf die Schläfe zu heften, wodurch sie zwar bei vollem Bewusstsein blieben, sich aber nicht bewegen und auch nicht sprechen konnten. Das Komitee hatte noch nie zuvor gesunde Menschen in diesen Lähmungszustand versetzt und dies überhaupt noch nie außerhalb der streng geschützten Basis getan. Nun standen sechs gesunde, normale Menschen stocksteif vor ihnen und wirkten wie lebende Schaufensterpuppen, bei denen sich nur die Augenlider bewegten. Weil nicht geplant gewesen war, sich mit der Belegschaft des Pflegeheims in die Quere zu kommen, brach das Komitee die Mission ab. Schließlich war es nur eine Trainingsmission gewesen, um die Schwierigkeiten einschätzen zu lernen, die es mit sich brachte, unbemerkt in ein Privatgebäude einzudringen und einen der Bewohner zu entwenden. Früher hatte man die benötigten Menschen aus Krankenhäusern und Pflegeheimen bezogen und zu diesem Zweck eigene Leute in die Verwaltung dieser Einrichtungen eingeschleust. Die neue Strategie ermöglichte es dem Komitee, ohne interne Verbindungen vorzugehen. Das bot den Vorteil, dass es sich jederzeit jede gewünschte Person holen konnte. Auch verringerte es die Gefahr der Aufdeckung, weil für die neuen Operationen weniger Leute nötig waren.

Die Komiteemitglieder entfernten die Plättchen von den Schläfen der Pflegekräfte und holten sie so aus der Lähmung. Obwohl die Angestellten bei vollem Bewusstsein waren, knickten ihnen die Beine weg, sobald die Metallplättchen entfernt wurden. Sie waren desorientiert, was den vier Komiteemitgliedern sehr gelegen kam, weil sie die Zeit, die sie dadurch gewannen, zur Schadensbegrenzung nutzen konnten. Mindestens 50 Patienten waren in diesem Moment unbeaufsichtigt, und die Tatsache, dass jederzeit jemand das Gebäude betreten und alle Angestellten in Reih und Glied in einem der Zimmer vorfinden könnte, kam einer kleineren Katastrophe gleich.

Die Lähmung ließ bereits ein bis zwei Minuten nach Entfernen der außerirdischen Plättchen nach, aber jeder erholte sich anders. Das Komiteemitglied, das zurückblieb, um sicherzustellen, dass tatsächlich alle Pflegekräfte wieder zu sich kamen, gab an, dass einige länger brauchten, um gänzlich wach zu werden. Es dauerte ihm zufolge fünf Minuten, bis alle von ihnen Benommenheit und Desorientierung abgeschüttelt hatten. Sie erinnerten sich an nichts – warum sie etwa alle in ein und demselben Raum waren und auf dem Boden lagen. Nachdem die Heimangestellten alle zur Normalität zurückgekehrt waren, rief der Erste, der ein Telefon erreichte, die Feuerwehr. Er nahm an, dass aus der

Heizungsanlage Kohlenmonoxid oder ein anderes giftiges Gas ausgetreten sei. Niemand von ihnen erinnerte sich daran, dass kurz vor ihrer „Ohnmacht" eine Überraschungsinspektion angestanden hatte. Offenbar lähmten die Plättchen nicht nur, sondern sorgten auch für einen Gedächtnisverlust, der den Zeitraum unmittelbar vor der Lähmung einbezog.

Die Komiteemitglieder, die die Telefonleitung abgehört hatten, taten dies auch nach Abbruch der Mission. Sie hörten das Gespräch des Angestellten mit Feuerwehr und Polizei mit und stellten sicher, dass alles unter Kontrolle war, bevor auch sie abbrachen. Nur zwei der Pflegekräfte kamen zur Beobachtung ins Krankenhaus, wurden aber noch in derselben Nacht wieder entlassen. Die Übrigen fühlten sich so stabil, dass sie nicht ins Krankenhaus wollten.

Ein Schaden war nicht entstanden, und in dem abschließenden Polizeibericht stand, dass auch keiner der Heiminsassen beeinträchtigt worden war. In dem Bericht hieß es auch, dass die Belegschaft möglicherweise durch die Dämpfe eines Reinigungsmittels ohnmächtig geworden sei, das man in der Nähe der Stelle gefunden habe.

Kurz nach diesem Fiasko zogen die Verantwortlichen des Programms endgültig den Schlussstrich unter die Verwendung von Pflegeheiminsassen (und niemand wird davon je erfahren). Das taten sie aus zwei Gründen: Einerseits war ihnen klar, dass all die plötzlich verjüngten Senioren irgendwann Aufmerksamkeit auf sich ziehen und dem UFO-Phänomen so vielleicht mehr Glaubwürdigkeit verleihen würden; und andererseits war es schlicht zu teuer, hunderten oder gar tausenden von Menschen eine neue Identität zu verschaffen. Das Budget des Komitees reichte zwar für die Durchführung der Geheimoperationen, aber um für all die frisch Verjüngten Sozialamt zu spielen, dafür reichte es bei Weitem nicht. Und wenn sie das Budget um mehrere Millionen Dollar angehoben hätten, um für die zusätzlichen Kosten aufzukommen, hätten sie riskiert, in den Fokus des US-Kongresses zu geraten, der letztlich alle Regierungsprogramme finanziert – auch die, von denen er gar nichts weiß.

Während des Kalten Kriegs war es relativ leicht gewesen, geheime Operationen zu finanzieren. Nach dem Zusammenbruch der Sowjetunion aber war es eine Geheimoperation für sich, Geld für das

Komitee abzuzweigen. Die Geldquellen erwiesen sich zunehmend als die Achillesferse des Komitees. Dem Komitee wurde mitgeteilt, dass es zwar derzeit noch aus der Staatskasse finanziert werde, dies in Zukunft aber nicht mehr zu erwarten habe.

Die zweite Begegnung

Bill – das Komiteemitglied, das von Außerirdischen entführt worden war und die Geschehnisse an Bord ihres Raumschiffs hatte beobachten dürfen – erlebte vier Monate nach der ersten eine zweite Begegnung. Diesmal nahmen ihn die Außerirdischen am hellichten Tag mit, während er in seinem Büro saß und arbeitete. Zwar befanden sich im Gebäude noch andere Menschen, aber Bill arbeitete gerade alleine, als es geschah. Es war um die Mittagszeit, und Bill aß gerade ein Sandwich, das ein Kollege ihm aus der Cafeteria am Ende des Flurs mitgebracht hatte. Das Sandwich war Bills Mittagessen, und während er es aß, ging er einen Bericht durch, den er nachmittags einreichen sollte. Dann fand er sich plötzlich ohne sein Sandwich im Raumschiff der Außerirdischen wieder. Eine Erklärung dafür, warum er sein Mittagessen nicht hatte beenden dürfen, bevor sie ihn holten, erhielt er nicht. Nicht dass er gefragt hätte, aber der Gedanke schoss ihm durch den Kopf, und er wusste, dass sie wussten, was er dachte.

Mit ihm war eine Frau im Raumschiff. Sie lag nicht weit von ihm entfernt auf einem OP-Tisch. Sie war jung, und irgendwoher wusste er ihr genaues Alter, nämlich 19 Jahre. Sie war nackt, und obwohl sie durchaus ansehnlich war, spürte er kein sexuelles Verlangen. Ihr Blick war entsetzt. Sie war verschreckt und wusste nicht, was vor sich ging. Sie konnte nicht sprechen, aber Bill erfasste ihre Gedanken – ein Privileg, das er bei seiner letzten Entführung nicht genossen hatte.

Sie sah ihn direkt an und fragte ihn gedanklich: „Warum tun Sie mir das an?" Sie wusste nicht, ob sie vergewaltigt werden würde oder nach einem Unfall in der Notaufnahme eines Krankenhauses lag.

Er konnte zwar ihre Gedanken lesen, sie aber nicht seine. Er wollte etwas sagen, um sie zu beruhigen, war aber weder verbal noch telepathisch dazu in der Lage. Er wusste auch, dass die Frau im dritten Monat schwanger war, aber woher er all dies wusste, konnte er nicht sagen. Während er dort stand und sie ansah, erfasste er ihr gesamtes Leben. Da erkannte er mit einem Mal, warum die Außerirdischen ihm nur nach und nach Informationen gaben und die vielen hundert Fragen, die in ihm brodelten, unbeantwortet ließen: Kein menschlicher Geist wäre in der Lage gewesen, mehr als einen Bruchteil ihres gesamten Wissens zu erfassen. Schon die wenigen Informationen über die Frau, die ihm gewährt wurden, überforderten seinen Geist. Warum aber musste er überhaupt etwas über diese Frau wissen? Er hatte das Gefühl, sie zu kennen, erinnerte sich aber nicht daran, sie je getroffen zu haben.

Bill sah zu, wie die Außerirdischen den Fötus aus ihrem Körper entfernten und ihn in einen angrenzenden Raum brachten. Kurz darauf kam ein anderer Außerirdischer mit einem Fötus zurück und setzte ihn der Frau ein. Bill konnte nicht erkennen, ob es derselbe Fötus war, den sie herausgeholt hatten, oder ein anderer. Und wenn es derselbe war, was hatten sie dann mit ihm gemacht?

Die Außerirdischen teilten Bill mit, dass er noch nicht bereit für die Antwort sei. Er durfte aber wissen, dass das Mädchen mit ihm verwandt war: Bill war der Vater der Frau, obwohl er ihre Mutter nie persönlich getroffen hatte. Die Mutter war vor 19 Jahren an Bord ebendieses Raumschiffs künstlich mit seinem Sperma befruchtet worden. Der Fötus war Bills Enkelsohn! Die Außerirdischen ließen ihn auch wissen, dass er der Vater vieler weiterer Kinder sei, doch solle er sich nicht bemühen, Kontakt zu ihnen aufzunehmen, denn selbst wenn er ihre Namen herausbekäme, würde man verhindern, dass er sie finde.

Über die junge Frau erfuhr Bill nur das, was ihm bereits mitgeteilt worden war; weder ihre Identität noch ihr Wohnort wurden ihm mitgeteilt. Sie könne überall leben, sagten ihm die Außerirdischen, und nachdem man ihn in sein Büro zurückgebracht habe, werde er sie nie wiedersehen.

Die Außerirdischen teilten ihm mit, dass der materielle Körper unwichtig sei. Er sei bloß ein Gefäß, das die Essenz, das wahre Wesen des Menschen, berge. Es sei nicht von Bedeutung, dass diese Frau und zahlreiche weitere Menschen mit Bills Körper und DNS verbunden seien, denn die wahre Identität einer Person habe nichts mit dem Körper zu tun; dieser verleihe ihr lediglich ein „Aussehen". Die Gene vererbten keine Elemente von Geist oder Seele, wobei Geist und Seele ein und dasselbe seien. Vorlieben und bestimmte Charakterzüge, die ein Kind mit seinen Eltern gemein habe, seien lediglich durch den Einfluss der Eltern angeeignet und nicht notwendigerweise in den Genen angelegt. Die Mehrdeutigkeit dieser letzten Aussage wurde Bill nicht erklärt, und die Außerirdischen hatten offenbar nicht das Gefühl, dass sie einer Erklärung bedurfte.

Was die Außerirdischen auf der Erde täten, so erfuhr Bill weiter, würde den Menschen nie vollständig enthüllt werden, wenngleich einigen wenigen Personen begrenzt Informationen gegeben würden, wie die, die Bill erhalten habe. Im Laufe der Geschichte hätten die Außerirdischen schon vielen Menschen Wissen vermittelt, meist in Form von Technik und neuen Ideen. Von wem genau diese Informationen stammten, wurde Bill nicht gesagt. Einiges von dem, was er erfuhr, erschien ihm vollkommen sinnlos und klang äußerst bizarr.

„Iss mittwochs Bananen", hieß es beispielsweise. Oder: „Füttere jeden Freitag die Löwen." Andere Aussagen wiederum waren mehrdeutig und verwirrend: „Rette den Regenwald, zerstöre die Bäume." Bill hatte den Eindruck, dass viele seiner Fragen, wenn überhaupt, bewusst vage beantwortet wurden. Andere Antworten waren völlig verwirrend und wieder andere gemein. Bill glaubte, dass die Außerirdischen ein paarmal versuchten, ihn zu provozieren.

Zurück in seinem Büro, sah er auf die Wanduhr und stellte fest, dass er eine Stunde lang fort gewesen war. Er hatte keinerlei Erinnerung daran, wie er geholt worden und zurückgebracht worden war. Er fand sich am Schreibtisch sitzend, und zwar in derselben Haltung, in der er geholt worden war. Auch sein halb aufgegessenes Sandwich lag noch an seinem Platz. Hätte er nicht inmitten von überall verstreut liegenden außerirdischen Objekten gesessen, dann hätte er wahrscheinlich geglaubt, er sei über dem Schreibtisch eingeschlafen und habe alles nur geträumt.

Doch das Erlebnis stand noch klar vor ihm. Er dachte über das nach, was die Außerirdischen ihm über seine Kinder erzählt hatten, die gar nicht seine waren. Er hatte zu Hause zwei Kinder, zu denen er ein überaus inniges Verhältnis hatte, und er fühlte sich betrogen und überwältigt zugleich bei dem Gedanken, dass er unzählige weitere Nachkommen hatte, die ihm vollkommen fremd waren. Nach dieser zweiten Begegnung fühlte sich Bill sehr niedergeschlagen. Niemand in seiner Abteilung hatte mitbekommen, dass er entführt worden war. Er nahm sich den Rest des Tages frei und erzählte Keinem, was sich ereignet hatte. Auf dem Weg nach Hause konnte er nicht verhindern, dass er in jedem Menschen, an dem er vorbeikam, ein Stück von sich selbst zu erkennen glaubte. Er hatte nie das Gefühl gehabt, dass sein Körper etwas „Besonderes" sei – warum hatte man dann ausgerechnet ihn als menschlichen Zuchthengst ausgewählt?

Neid zersetzt das Komitee

Zwei Wochen vergingen, bevor Bill den übrigen Komiteemitgliedern von seiner zweiten Entführung berichtete. Als er relativ unaufgeregt über diese Angelegenheit sprach, wurden seine Kollegen neidisch, weil sie sich unwillkürlich fragten, warum dann nicht ein anderer aus dem Komitee in den Genuss dieses Privilegs gekommen war. Eifersucht machte sich im Komitee breit, und Bills Kollegen schienen kein allzu großes Interesse an dem zu haben, was er bei seiner zweiten Begegnung erfahren hatte. Einer warf ihm gar vor, er habe die Geschichte nur erfunden. Sie sahen nicht ein, warum ausgerechnet Bill der Auserwählte sein sollte. War er klüger als sie? Sah er besser aus? Hatte er eine besondere Blutgruppe? Sie wollten wissen, warum die Außerirdischen sich nicht dem gesamten Komitee offenbarten. Schließlich säßen sie alle im selben Boot, beschieden sie Bill.

Keiner im Komitee bezweifelte die Existenz von Außerirdischen, aber Bills Entführungsgeschichten zu glauben, fiel ihnen schwer. Sie dachten, dass der Wahnwitz, zu dem ihre Labore und ihr Leben geworden waren, vielleicht seine Spuren bei Bill hinterlassen habe.

Bill wurde vorgeworfen, er dränge sich bei Komiteesitzungen stets in den Vordergrund, weil er der Meinung sei, mehr über die Außerirdischen zu wissen als die übrigen Wissenschaftler. Seine Kollegen wollten ihn gar aus dem Komitee ausschließen, aber ihre Vorgesetzten, die spürten, dass Bills Verbindung zu den Außerirdischen real war, wiesen das Gesuch ab. Dann machten sie alles noch schlimmer, indem sie Bill zum Leiter des Komitees erhoben. Seine Kollegen rebellierten dagegen, und man bemühte einen Schlichter, um die Risse zu kitten. Doch es half nichts – das mangelnde Miteinander innerhalb des Komitees sorgte dafür, dass das Programm abgebrochen wurde und alle gehen mussten.

Zwei Monate vergingen, bis das Komitee reaktiviert wurde. Wahrscheinlich war die Abteilung auch während dieser Zeit aktiv gewesen, vielleicht unter der Leitung eines der Vorgesetzten. Eine Operation dieser Größenordnung konnte sicherlich nicht so einfach gestoppt werden. In keinem der Dokumente fand sich ein Hinweis darauf, was in Abwesenheit des Komitees vor sich gegangen war. Wieder wurde Bill Smith mit der Leitung des Komitees betraut, und auch einige der alten Mitglieder wurden wieder eingestellt. Manche wurden anderen Abteilungen zugeteilt. Bill hatte die zwei Monate damit zugebracht, Urlaub auf Hawaii zu machen. Dort hatten ihn die Außerirdischen jeden Tag aufgesucht.

Er war inzwischen so weit, dass er sich frei im Raumschiff bewegen durfte. Bill erzählte dem Komitee, dass sich das Raumschiff mit Geschwindigkeiten bewege, die man nur aus Sciencefiction-Büchern kenne. Die Außerirdischen ließen ihn das Ziel bestimmen, und er hatte es kaum gedacht, da waren sie auch schon dort. Er besuchte jedes Land auf der Erde, den Mond und auch andere Monde unseres Sonnensystems, deren Namen nicht genannt wurden. Seine Bitte, den Jupiter zu besuchen, lehnten die Außerirdischen jedoch ab. Der Jupiter war seit seiner Kindheit Bills Lieblingsplanet. Sein Vater hatte ihm mit neun Jahren ein Teleskop geschenkt, und er hatte ganze Nächte damit zugebracht, den Himmel zu beobachten. Die Ringe um den Jupiter hatten ihm buchstäblich den Atem geraubt. Die Außerirdischen sagten ihm, dass ihm bestimmte

Regionen des Sonnensystems verwehrt seien, dass er aber einige der betreffenden Planeten vielleicht in Zukunft besuchen dürfe. Dass die Außerirdischen die anderen Komiteemitglieder außen vor ließen, frustrierte Bill. Das machte es umso schwerer für ihn, sie seine Begeisterung spüren zu lassen, denn nach wie vor standen sie seinen Abenteuergeschichten argwöhnisch gegenüber.

Dabei hatten alle Komiteemitglieder bereits Zeit mit den Außerirdischen verbracht und waren wahrscheinlich auch auf fremden Planeten gewesen, aber es wurde ihnen nicht gestattet, sich an ihre Erlebnisse zu erinnern – was nicht unbedingt von Nachteil war. Bill sagte ihnen, dass sie nicht anders behandelt wurden als die meisten der Entführten, mit dem Unterschied, dass er ihnen bestätigen könne, dass es ihnen tatsächlich widerfahren sei. Seine Kollegen fragten ihn, warum sie entführt wurden, sich aber hinterher nicht daran erinnern durften. Doch Bill hatte darauf keine Antwort. Er konnte nur wiedergeben, was er selbst erlebt hatte, und auch davon nur den Teil, an den die Außerirdischen ihn sich erinnern ließen. Viele seiner Erlebnisse würden blockiert, erzählte er seinen Kollegen.

Die Außerirdischen wiesen Bill an, seine Kollegen von einer Regressionstherapie abzuhalten. Seit Bill ihnen erzählt hatte, dass auch sie entführt worden seien, wollten sich Einige nach wie vor rückführen lassen, um dies zu bestätigen. Die Außerirdischen sagten, dass sie dem menschlichen Unterbewusstsein beliebig Erinnerungen einpflanzen könnten und dass viele der vermeintlichen Erinnerungen von Entführten bewusst schmerzhaft und irreführend gestaltet würden. Sie würden derart programmiert, um sie davon abzuhalten, die Wahrheit über das erfahren zu wollen, was wirklich mit ihnen geschehe – eine „Wahrheit, von der sie nichts wissen dürfen und die sie nichts angeht". Bill wurde mitgeteilt, dass die Illusion der Menschen in der westlichen Welt, „persönliche Rechte" zu genießen, in anderen Teilen der Welt weit weniger ausgeprägt sei.

Menschen seien nicht Eigentümer ihres Körpers, er werde ihnen nur geliehen, hieß es. „Etwas zu besitzen", sagte einer der Außerirdischen zu Bill, „bedeutet, dass man gänzlich Kontrolle darüber hat." Aber welcher Mensch habe schon die Kontrolle über seinen Körper oder irgendetwas anderes? Kein Mensch könne seinen Körper davon abhalten, alt oder krank zu werden. Alles, was der Mensch tun könne, sei, den Körper zu nähren und pfleglich zu behandeln, was nicht komplizierter sei, als ein Auto zu betanken und ab und an einen Ölwechsel vorzunehmen. „Die Menschen herrschen nicht einmal über ihre eigene Seele!“ Alle Körper auf der Erde, so erfuhr Bill, gehörten den Außerirdischen. Wem die Seelen gehörten, wurde Bill nicht mitgeteilt, nur dass die Außerirdischen auf diesen Aspekt des Menschen keinen Anspruch hätten.

Bei seinen letzten zwei Begegnungen zeigten die Außerirdischen Bill die richtige Durchführung einiger medizinischer Verfahren, die ihm und dem Komitee während ihrer Experimente nicht gelungen waren. Diese neuen Informationen brachten Bills Kollegen zu der Überzeugung, dass er entweder ein Genie war oder aber tatsächlich in Kontakt mit den Außerirdischen stand. Weil das, was die Außerirdischen ihm gezeigt hatten, sehr kompliziert war, konnte Bill es nur an Bord des abgestürzten Raumschiffs durchführen. Die Atmosphäre im Innern des Schiffs war so rein wie nirgends sonst. Auch ließ es sich im Raumschiff leichter arbeiten, ähnlich wie auf dem Mond mit seiner geringeren Schwerkraft.

An Bord des Schiffs gelang ihnen mühelos und schnell, was draußen unmöglich war. Die Reinheit der Luft ließ die Wissenschaftler klarer denken, und überhaupt vollbrachten sie im Raumschiff geradezu Übermenschliches.

Bill zeigte seinen Kollegen, wie sich ein stark beschädigtes Herz heilen ließ. Sie operierten eine Frau, die betrunken mit ihrem Auto von der Straße abgekommen war und sich schwer verletzt hatte. Wie alle Menschen, die das Komitee für Versuche heranzog, hatte auch die Frau keine Familie und keine Freunde, die sie hätten identifizieren können. In dem Krankenhaus, in das sie gebracht worden war, hatte man sie aufgegeben und erwartet, dass sie den nächsten Morgen nicht mehr erleben würde. Als das Komitee sie in Empfang nahm, hatte der zuständige Arzt die Frau bereits für hirntot erklärt. Ihr Körper lebte noch, aber Herz und Leber waren so stark zerstört, dass die menschliche Medizin nichts mehr tun konnte. Das Komitee wollte zunächst das Herz und dann die Leber wiederherstellen. Bill und zwei andere Komiteemitglieder waren erfolgreich als Chirurgen tätig gewesen, bevor sie in das Programm aufgenommen worden waren. Bill war herausragend in seinem Beruf, aber eine unsichtbare Kraft, die nahezu überirdisches Wissen zu besitzen schien, führte an jenem Tag seine Hände, und zudem konnte er auf einige der außerirdischen Geräte zugreifen.

Während der Operation am offenen Herzen verließ Bill einmal kurz den Raum, um weiteres Nahtmaterial zu holen. Den Wissenschaftlern stand keine Krankenschwester zur Seite, also holten sie abwechselnd alles, was benötigt wurde. Bill verließ den Raum zu einem Zeitpunkt, an dem die Frau stabil war. Als er drei Minuten später zurückkam, sah er, wie sich seine beiden Kollegen über die nun tote Frau beugten. Beiden stand die Verwirrung ins Gesicht geschrieben. Später erzählten sie Bill, dass ihnen jeder Schritt der Operation eindeutig und logisch vorgekommen sei, bis Bill das Schiff verlassen habe. Dann aber seien sie plötzlich auf den Wissensstand ihrer Ausbildung und Berufspraxis vor Eintritt in das Programm zurückgefallen. Es wurde nicht erwähnt, ob die Frau während der Operation an lebenserhaltende Geräte und Pumpen angeschlossen war oder Infusionen erhielt.

Die Gabe des Wissens

Scheinbar hatten die Außerirdischen Bill mit einer Gabe versehen, von der er nichts wusste. Seinem Unterbewusstsein war Wissen eingepflanzt worden, das die übrigen Wissenschaftler nicht hatten. Die jeweiligen Informationen traten nur dann an die Oberfläche, wenn sie gebraucht wurden, und teilten sich dann automatisch auch denen mit, die Bill assistierten. Bill war klar, dass er auf etwas Größeres vorbereitet wurde, wusste aber nicht, zu welchem Zweck.

Auf vieles von dem, was die Außerirdischen ihm eingepflanzt hatten, konnte nur er selbst zugreifen. Seine neuen Fähigkeiten präsentierten sich ihm erst dann, wenn er sie brauchte. Plötzlich war er der beste Arzt der Welt und wurde mit jedem Tag besser. Wie er Krankheiten diagnostizierte und heilte, verblüffte selbst die größten Mediziner. Aber er konnte nicht vermitteln, wie er es tat. Das Wissen stand ihm nicht frei zur Verfügung; es kam nur, wenn er es gerade benötigte, und verschwand wieder, sobald die Arbeit getan war. Viele Male versuchte er, unmittelbar danach aufzuschreiben, was er getan hatte, aber später war es ihm nie möglich, das Niedergeschriebene nachzuvollziehen. Daher schaffte er es nicht, sein Wissen mit seinen Kollegen zu teilen. Und das schürte das Misstrauen, dass diese ihm gegenüber empfanden. Für einige im Komitee war dies die Bestätigung dafür, dass Bill versuchte, sich abzukapseln.

Schließlich war der Punkt erreicht, an dem Bill entschied, dass eine weitere Zusammenarbeit mit den anderen kontraproduktiv sei, und er wusste, dass dieses Gefühl auf Gegenseitigkeit beruhte. Keiner im Komitee fühlte sich noch wohl in Bills Nähe. Sie alle registrierten einen markanten Persönlichkeitswandel und wussten nicht, ob er nun Mensch, Maschine oder eine Mischung aus beidem war. Menschlich jedenfalls war er in ihren Augen nicht mehr. Bill trat aus dem Komitee aus und teilte seinen Vorgesetzten mit, er werde fortan an eigenen Projekten arbeiten.

Bill war nur selten in seinem Büro. Wenn er da war, überlistete er mit seiner ungewöhnlichen Art des Kommens und Gehens stets das Sicherheitssystem. Er tauchte auf und verschwand, als habe er sich die außerirdische Fähigkeit der Teleportation angeeignet. Das Sicherheitssystem, das jeden erfasste, der die Anlage betrat oder verließ, wies nach, dass Bill, der immer der Erste und der Letzte auf der Arbeit gewesen war, nun offenbar das System wie auch das Sicherheitspersonal am Eingang foppte. Dies verstieß gegen alle Regeln, zu deren Einhaltung alle übrigen Mitarbeiter verpflichtet waren. Es war verboten und buchstäblich unmöglich, das Gebäude zu betreten, ohne die Sicherheitsschranke zu passieren. Dennoch wurde Bill auch dann in seinem Büro angetroffen, wenn er laut Sicherheitsstammrolle gar nicht im Hause war.

Eines Tages trat Bills Vorgesetzter wegen dieser Sache an ihn heran. Er versicherte Bill, dass er Verständnis dafür habe, wenn Bill das Sicherheitssystem umgehe, würde ihn aber bitten, sich der allgemeinen Moral halber an dieselben Regeln zu halten, die auch für alle anderen in der Abteilung gelten würden. Zwar war Bill inzwischen bescheidener als früher, aber dennoch der Ansicht, dass seine besonderen Umstände ihm gewisse Privilegien gestatteten. Er erklärte seinem Vorgesetzten, dass die Außerirdischen aufgrund seiner neuen Fähigkeiten auch mehr von ihm erwarteten und mehr Zeit von ihm beanspruchten. Daher müsse er das Gebäude mehrmals täglich und auch nachts betreten und verlassen können und dazu bediene er sich der übernatürlichen Mittel der Außerirdischen, und er werde sich nicht durch eifersüchtiges Getuschel davon abhalten lassen. Er materialisierte sich nicht etwa von oben nach unten, wie in dem Film „Star Trek", sondern erschien und verschwand einfach – und das auch nur in seinem Büro, um „niemanden vor den Kopf zu stoßen", wie er sagte.

Bills Vorgesetzter erkannte, dass niemand Bill davon abhalten konnte zu tun, was er tun musste oder wollte. Bill war die einzige echte Verbindung zu den Außerirdischen, die das Komitee hatte, und daher gab er seinen Bedingungen nach. Bill selbst war nunmehr das Komitee; kein anderes Mitglied trug so viel zu dem Programm bei. Beim allwöchentlichen Treffen standen stets Bill und seine Entdeckungen im Mittelpunkt – zumindest das, was er bereit war preiszugeben.

Auf einem dieser Treffen riet Bill dazu, keine weiteren Leute in das Programm zu holen. „Es haben bereits jetzt übermäßig viele Menschen mit dem außerirdischen Raumschiff zu tun", sagte er.

Da man schlecht Mitarbeiter zu weniger geheimen Programmen abkommandieren konnte, schlug Bill vor, die Belegschaft nach und nach über den normalen Personalabgang zu verringern. Und auch wenn er selbst nicht von den hohen Sicherheitsvorkehrungen betroffen war, sprach er sich dafür aus, sie beizubehalten. Er machte sogar Vorschläge, wie das System noch sicherer und zugleich der Aufwand für die Mitarbeiter gesenkt werden könne.

Die Außerirdischen hatten Bill eine Art Computerchip gegeben, der in das von ihm vorgeschlagene neue Sicherheitssystem integriert werden sollte. Der Chip war nicht größer als der Punkt am Ende eines Satzes und konnte an einer beliebigen Körperstelle befestigt werden. Er verfolgte rund um die Uhr, wo sich der Träger gerade aufhielt. Sobald der Chip Körperkontakt hatte, „schmolz" er unter die Haut und sah aus wie eine Sommersprosse oder ein kleines Muttermal. Dieses außerirdische Gerät machte eine Leibesvisitation überflüssig und erleichterte die gesamte Prozedur beim Kommen und Gehen der Mitarbeiter. Der außerirdische Apparat, an den der Chip die Daten weitergab, war so gestaltet, dass er wie eine irdische Maschine aussah und funktionierte. Der Chip enthielt alle verfügbaren Daten über eine Person und verschaffte ihr nur zu dem ihr zugewiesenen Arbeitsplatz Zutritt.

Überraschenderweise hatte keines der Komiteemitglieder und auch niemand der übrigen Mitarbeiter Einwände. Jeder war froh darüber, das alte, demütigende System ad acta zu legen, denn oft genug wurden bei der Leibesvisitation auch Körperöffnungen untersucht. Alle, die am Programm teilhatten, waren es gewohnt, auf Schritt und Tritt verfolgt zu werden, und da war ein kleines Gerät unter der Haut kaum der Rede wert.

Wie stark Bills Einfluss auf seine Vorgesetzten war, ist nicht bekannt, aber wenn er etwas vorschlug, gab es inzwischen kaum noch Gegenstimmen. Die wenigen Gegenstimmen waren meist noch vor Ende der jeweiligen Sitzung überzeugt. Es war offensichtlich, dass sein Blick sehr viel schärfer war als der der übrigen, was erklärte, warum seine Kollegen stets bereitwillig seinen Ideen nachgaben. Zudem ging er so zuvorkommend bei seiner Überzeugungsarbeit vor, dass es schwer war, ihm böse zu sein. Er verlor nie die Beherrschung, sondern war immer bedachtsam, ruhig und gefasst.

Hatte er das Komitee in seinen Bann geschlagen? Er selbst jedenfalls stand unter dem Einfluss der Außerirdischen. Die Person Bill verblasste allmählich, und an ihrer Stelle trat etwas in den Vordergrund, das größer war, als Bill jemals hätte sein können. In körperlicher Hinsicht war es nach wie vor Bill; wer ihn vorher nicht gekannt hatte, nahm den langsamen Wandel an ihm nicht wahr. Er schien völlig normal zu sein, abgesehen davon, dass er in Intelligenz und anderen Fähigkeiten alle anderen weit überflügelte.

Fleischmarkt

Das Komitee fügte dem Inventar des Raumschiffs noch fünf weitere „Körper" hinzu. Es waren fünf tödlich verletzte Männer aus verschiedenen Teilen des Landes. Woher sie kamen oder welcher Art ihre Verwundungen waren, wurde nicht näher bekannt. Man behielt sie im Inkubatorraum, bis entschieden worden war, was genau man mit ihnen machen sollte. Das Militär beanspruchte vier der Körper für sich, und der Großteil des Komitees war gerne bereit, der Bitte zu entsprechen. Ein Frankenstein in ihrer Mitte genügte ihnen; fünf davon aber sorgten nicht gerade für Wohlbefinden unter den Wissenschaftlern. Die Entscheidung, die vier Männer dem Militär auszuhändigen, wurde getroffen, als Bill gerade für einige Wochen fort war. Als er bei seiner Rückkehr herausfand, was geschehen sollte, schritt er ein. Er war gegen eine Auslieferung der Männer an das Militär, wobei unklar blieb, warum. Er war der Einzige, der verhindern konnte, dass das Militär sie bekam. Das Militär aber hatte bereits Pläne mit den „Zombies" und war nicht bereit, diese aufzugeben. Dennoch wurde die Transaktion endlos hinausgezögert – offenbar hatte Bill einen überirdischen Einfluss auf das Oberkommando ausgeübt. Bill ließ sich in keinem der Berichte darüber aus, erzählte aber einem engen Freund, dass er die Außerirdischen begleitet habe, als diese einen bestimmten Armeegeneral besucht und dann mitgenommen hätten.

Während dieser Entführung wurde Bill nicht alles gewahr, was dem General „vorgeschlagen" wurde, aber er erfuhr, dass der General seinen Anspruch auf die Körper fallenlassen werde. Nichts sonst wurde mit dem General gemacht, und die ganze Episode dauerte nicht länger als zehn Minuten, inklusive der Zeit, die man brauchte, um ihn zurück in sein Schlafzimmer zu bringen.

Noch in derselben Woche fand Bill sich eines Tages in dem Raum wieder, in dem die Körper waren, die das Komitee transformiert hatte. Bill wurde mitgeteilt, dass er seinen Körper verlassen dürfe, um in einen der anderen zu schlüpfen.

Zunächst machte diese Vorstellung Bill Angst. Die Außerirdischen versicherten ihm, dass die Entscheidung ganz bei ihm liege; wenn er nicht wolle, sei das in Ordnung, und man würde die Sache auf ein anderes Mal verschieben. Bill beschloss, es zu wagen. Die Außerirdischen wiesen ihn an, in einen angrenzenden Raum zu gehen, der in demselben Gelb leuchtete wie der Raum, den Bill und seine Kollegen den Inkubatorraum nannten. Die Außerirdischen verloren keine Zeit und versetzten Bill in Trance. Nach wenigen Sekunden spürte Bill, dass er sich aus seinem Körper löste, und dann hatte er das Gefühl, als zöge ihn jemand durch seinen Kopf nach oben weg.

Es war genauso, wie Bill es in Büchern gelesen hatte, in denen außerkörperliche Erfahrungen beschrieben wurden. Alle Betroffenen sprachen von einer Art Nahtoderlebnis. Es gab dokumentierte Fälle von Menschen, die durch Unfall oder Krankheit gestorben und dann wiederbelebt oder von einem höheren Wesen zurückgeschickt worden waren, weil sie auf der Erde noch etwas zu erledigen hatten. Weltweit gab es hunderte solcher Berichte.

Und wie bei jedem Phänomen, gab es auch hier zahlreiche Skeptiker, und Bill war einer der größten. Wie so viele glaubte auch er, dass Nahtoderlebnisse purer Unfug waren und dass „sich die ganze Sache durch chemische Prozesse erklären lässt, die im Körper durch den nahenden Tod in Gang gesetzt werden“. Eine Erklärung, die Bill besonders gefiel und die in den 1980ern recht verbreitet war, bestand darin, dass der Sterbende durch die traumatische Todeserfahrung an seine Geburt erinnert werde und den Weg durch den Geburtskanal noch einmal durchlebe.

Den Skeptikern zufolge ist das gleißende Licht, dass der Sterbende sieht, lediglich das Licht des Kreißsaals, an das sich der Betroffene klammert, um nicht in die Finsternis des Todes abzudriften. In allen Nahtodgeschichten wird beschrieben, wie der Verstorbene über seinem Körper schwebt und auf diesen hinunterblickt. Manchmal beobachtet er, wie Ärzte und Krankenschwestern verzweifelt versuchen, seinen Körper wiederzubeleben. Einige der Verstorbenen bleiben eine Weile auf dieser Existenzebene, bevor sie dann in den Körper zurückgezogen werden, wenn der Wiederbelebungsversuch Erfolg hat. Andere berichten, wie sie im Moment ihres Todes mit hoher Geschwindigkeit durch eine Art Tunnel gezogen worden seien und am Ende dieses Tunnels bereits verstorbene Partner, Tanten, Großeltern oder Freunde auf sie gewartet hätten. Dann wären sie eines Wesens gewärtig gewesen, das warmes Licht und reine Liebe ausstrahlte und das ihnen ihr Leben enthüllte, ohne zu bewerten.

Bill starb nicht und wurde auch nicht fortgezogen, aber auch er sah verwundert auf seinen Körper herab, während er über ihm schwebte. Er wusste, dass es sein Körper war, aber sich selbst aus einer derart fremden Perspektive zu sehen, war ein Schock. Er sah anders aus, als er erwartet hatte. Was ihn am meisten erschreckte, war der Sog, den der andere

Körper auf ihn ausübte. Hätte er nicht unter dem Beruhigungsmittel der Außerirdischen gestanden, dann wäre sein Geist nicht stark genug gewesen, um diese Transformation durchzustehen.

Doch als er erst einmal im anderen Körper war, fühlte dieser sich ganz natürlich an. Bill spürte, dass dieser Körper weder essen noch trinken musste, sondern dass er von der eingepflanzten außerirdischen Vorrichtung am Leben gehalten wurde. Er fühlte diese Vorrichtung nicht und wusste nur von den Röntgenaufnahmen, dass sie dort war. Der Körper strotzte vor Gesundheit. Bill wusste nicht, ob dies daran lag, dass es sich um einen so jungen Mann handelte, oder ob die außerirdische „Batterie“ dies bewirkte.

Der Körper war vollständig angezogen, daher musste Bill sich darum nicht kümmern. Er nahm seine persönliche Habe in Form von Brieftasche und Schlüsseln aus den Hosentaschen seines schlummernden Körpers und war bereit zu gehen. Noch bevor er die Außerirdischen fragen konnte, was denn mit dem Photo auf seinem Führerschein sei, teilten diese ihm schon mit, dass er einen Blick in seine Brieftasche werfen solle. Man hatte bereits

Sorge getragen; seine Identität passte zum neuen Körper.

Die Außerirdischen wünschten Bill viel Spaß mit seinem neuen Körper und sagten, er solle eine Woche lang das neue Gefühl erkunden. Um sich mit dem neuen Körper vertraut zu machen, mischte sich Bill unter die anonyme Menge, beispielsweise im Supermarkt. Dann suchte er seine Stammplätze auf, um dort eventuell auf Freunde oder Kollegen zu treffen. Als er tatsächlich jemanden traf, den er kannte, verwickelte er ihn in ein Gespräch. Es überraschte ihn, dass seine Kollegen vom Komitee, denen der Körper, den er gerade „bewohnte", doch bekannt war, offenbar keine Ahnung hatten, dass sie gerade mit jemandem redeten und tranken, in dessen Gegenwart sie fünf Monate lang gearbeitet hatten.

Er versuchte, sich zu verraten, indem er einige seiner Eigenheiten an den Tag legte. Als das erfolglos blieb, versuchte er es, indem er von den Vorlieben und Abneigungen sprach, die sie mit ihrem gemeinsamen Freund Bill verbanden. Doch nichts half; seine Kollegen ahnten nicht einmal, wer er in Wirklichkeit war. Sie nahmen an, dass sie auf einen recht redseligen und sympathischen Fremden gestoßen waren.

Bills Familie vermisste ihn während dieser Woche nicht. Es war damals nicht ungewöhnlich, dass er tage- oder auch wochenlang verschwunden war. Bill bemühte sich zunächst verzweifelt weiter darum, einige seiner Freunde wissen zu lassen, wer er war, nur um ihren Gesichtsausdruck zu sehen. Als er aber darüber nachdachte, ging ihm auf, wie verrückt diese Idee war und welche Auswirkungen es auf sein Gegenüber haben konnte. Von nun an sah sich Bill die Menschen, denen er auf der Straße begegnete, genauer an und fragte sich, wie viele von ihnen wohl Fälschungen wie er waren.

Aus menschlicher Sicht war diese Frage nicht zu beantworten, und die Außerirdischen gaben Bill keinen Hinweis darauf. Sie sagten ihm jedoch, dass ein Zeitpunkt kommen werde, an dem er es erfahren werde. Bill dachte sich, dass seine Frau und seine Kinder die einzigen Menschen wären, die vielleicht einen Funken seines wahren Selbst in diesem Körper erkennen würden. Also tarnte er sich als Versicherungsvertreter und ging zu sich nach Hause. Seine Frau aber lehnte seine Angebote ab und ließ ihn nicht einmal ins Haus, worüber er froh war. Es war, wie er sich selbst ermahnte, eine „dumme Idee“ gewesen. Wenn jemand tatsächlich seine wahre Identität erkennen würde, konnte sich das nur negativ auf die Psyche des Betreffenden auswirken.

Diese Lektion war es, die die Außerirdischen ihm hatten beibringen wollen. Sie hatten ihn hinaus unter Leute geschickt, weil sie wussten, dass er das Bedürfnis haben würde, anderen seine Geheimnisse anzuvertrauen – Geheimnisse, die zu phantastisch waren, um sie für sich zu behalten. Es gab Zeiten, da glaubte er, schier verrückt zu werden, und dann verspürte er ein beinahe übermächtiges Verlangen danach, anderen seine Fähigkeiten zu demonstrieren.

Als die Woche um war, ging Bill zu der Stelle, an der er sich mit den Außerirdischen treffen sollte. Das Treffen fand in einem leer stehenden Haus statt; ein Schild wies darauf hin, dass es zu verkaufen war. Bill traf sich dort mit zwei Außerirdischen, die sich als Immobilienmakler getarnt hatten. Sie sahen aus wie Menschen und verhielten sich auch genauso; vielleicht waren es Menschen. Im Haus wartete Bills

Körper. Er war mittels eines Apparates am Leben erhalten worden, der Nase und Mund bedeckte. Bill fühlte sich immer noch nicht ganz wohl beim Anblick seines eigenen Körpers, dessen Gesicht nun auch noch von dieser Vorrichtung verunziert wurde. Die Außerirdischen gaben ihm erneut ein Beruhigungsmittel und beförderten ihn in seinen Körper zurück. Dabei gingen sie anders vor als eine Woche zuvor im Raumschiff: Sie verwendeten ein tragbares Gerät, das in eine Brieftasche passte. Bill stand neben seinem Körper, als das Gerät über seinen Kopf gehalten wurde und ihn buchstäblich heraussog, um ihn dann in seinen ursprünglichen Körper zu befördern. Es fühlte sich ganz anders an als beim ersten Mal; es ging schneller, sodass Bill kaum merkte, was geschah. Nach dem Transfer aber musste er sich einige Minuten hinlegen, um sich wieder an seinen Körper zu gewöhnen.

Einige Tage darauf erschien Bill wieder in seinem Büro und rief das Komitee zu einem Treffen zusammen. Er berichtete, was er getan hatte und welche Bedeutung diese Neuigkeiten für sie alle hätten. Allen, die ihm nicht glaubten, beschrieb Bill in allen Einzelheiten seine Treffen zwischen verschiedenen

Komiteemitgliedern und ihm im anderen Körper. Seine skeptischen Kollegen aber entgegneten, dass er diese Informationen sehr wohl von der Person haben mochte, die er behauptete gewesen zu sein. Bill aber eröffnete ihnen auch, was sie während ihres Zusammentreffens gedacht hatten. Während Bill den fremden Körper bewohnt hatte, war er hellsichtig gewesen. Er konnte die Gedanken einer Person allein dadurch sehen, dass er sich ihr Gesicht vorstellte oder die Person ansah. Er hatte den Verdacht, dass dieses Phänomen mehr mit der Abkopplung von seinem eigenen Körper zu tun hatte als mit der Tatsache, dass er in einem mutierten Körper steckte, aber sicher war er sich nicht.

Zum Schluss sagte er, er wolle das, was mit ihm getan worden sei, an einem der freien Körper im Inkubationsraum wiederholen. Er fragte nach Freiwilligen, und vier aus dem Komitee meldeten sich. Das überraschte Bill, denn er hatte nicht damit gerechnet, dass auch nur einer von ihnen gewillt wäre, es zu versuchen. Er hatte dies noch nie an einem anderen Menschen ausprobiert. Er nahm an bzw. hoffte, dass das nötige Wissen sich einstellen würde, sobald er es brauchte. Er erklärte den Freiwilligen, dass nicht feststehe, wie die Sache sich entwickeln werde, und dass es möglicherweise zu unvorhersehbaren Komplikationen komme. Daraufhin traten drei der Männer von ihrem Angebot zurück. Einer namens Tim jedoch war entschlossen, das Experiment zu machen. Bill wollte kein unnötiges Risiko eingehen und beschloss daher, den Transfer im Inkubatorraum durchzuführen, anstatt das tragbare Gerät zu benutzen, obwohl es damit leichter zu sein schien. Bill arbeitete gern an Bord des Raumschiffs, im Gegensatz zu den übrigen Wissenschaftlern, denen das Arbeiten dort eine Gänsehaut bereitete. Er spürte, was die anderen nicht wahrnahmen – dass ständig auch Außerirdische an Bord des Raumschiffs waren, aber unsichtbar blieben. Vielleicht spürten das auch die anderen, aber da sie den Außerirdischen nie persönlich gegenübergestanden hatten, bereitete es ihnen Unbehagen, im Raumschiff zu arbeiten.

Die Außerirdischen hatten Bill das tragbare Gerät mitgegeben und sich des Körpers entledigt, den er „benutzt" hatte. Sie gaben Bill keine Erklärung, warum sie ihm das Gerät schenkten oder warum sie den Körper entsorgten, anstatt ihn zurück in den Inkubatorraum zu bringen.

Die Außerirdischen luden eine Reihe komplizierter Informationen direkt in Bills Unterbewusstsein, weil der menschliche Geist sich diese Art von Wissen niemals selbst hätte aneignen können. Tim, der sich zu dieser außerkörperlichen Erfahrung bereiterklärt hatte, legte sich auf Bills Geheiß auf den OP-Tisch neben den Körper, den Bill aus den vier noch verfügbaren ausgewählt hatte. Als der Prozess, Tims Seele aus dem Körper zu lösen und in einen anderen zu übertragen, angelaufen war, hatte Bill mit einem Mal das Gefühl, als verlangsame sich die Zeit. Zunächst fühlte er sich einer ausgewachsenen Panik nahe und dachte, er werde in Ohnmacht fallen. Er hatte das übelerregende Gefühl, das einen überkommt, wenn man einen Freund oder Verwandten einer tödlichen Gefahr aussetzt und nichts tun kann, um dies zu verhindern. Diese Krise trat auf, als Bill bewusst wurde, was er da eigentlich tat: die Seele eines Mitmenschen in einen hirntoten Körper zu verpflanzen. Was, wenn ihm die Seele entglitte – wie würde Bill sie wieder einfangen und in Tims Körper zurückbringen können? Die Last dieser Verantwortung machte Bill Angst. Er war verantwortlich für die Durchführung einer Sache, zu der von den vier Anwesenden wahrscheinlich nur er in der Lage war, und dabei hatte er dies doch noch nie getan. Urplötzlich und zu Bills großer Erleichterung erschienen die beiden Außerirdischen im Raum, die Bill vor einigen Tagen in seinen alten Körper zurückgebracht hatten. Sie machten alle Wissenschaftler mit einem Streich bewegungsunfähig und führten die Prozedur selbst an Tim durch, indem sie seine Seele in den Körper von Frankenstein Nummer drei verpflanzten. Bill durfte zusehen und erfuhr dabei mehr über den Vorgang. Die Außerirdischen wollten, dass er lernte, wie man es machte. Das Ganze dauerte nur zwei, drei Minuten, und anschließend verschwanden die Außerirdischen so plötzlich, wie sie aufgetaucht waren. Bill fand sich an derselben Stelle wieder, an der er gestanden hatte, als die Außerirdischen eingriffen. Er fühlte sich wieder normal, war gefasst und zeigte keine Anzeichen von dem Stress, den er kurz zuvor noch empfunden hatte. Seinen Kollegen war nicht bewusst, was gerade geschehen war. Sie wunderten sich lediglich, dass der Körpertausch derart mühelos vonstatten gegangen war, und gratulierten Bill zu seinen erstaunlichen Fähigkeiten. Tim sprang in seinem neuen Körper durch den Raum und konnte es nicht fassen, dass es tatsächlich geschehen war.

Er ging zu seinem alten Körper und staunte. Ungläubig rief er immer wieder: „Sehe ich tatsächlich so aus?“ Vor lauter Aufregung wurde er schließlich ohnmächtig. Kaum hatten seine Kollegen ihn wieder zu sich gebracht, fiel er erneut in Ohnmacht. Dieses Mal beschloss man, ihn von selbst zu sich kommen zu lassen, und es dauerte nur wenige Minuten.

Bill fragte die drei übrigen Anwesenden, ob sie vielleicht etwas Merkwürdiges gesehen hätten. Hatten sie vielleicht irgendetwas gespürt, während sie beim Körpertausch in Tims Nähe standen? Alle verneinten und erinnerten sich lediglich daran, dass sie Bill mit der Präzision einer Maschine hätten arbeiten sehen. Sie sagten ihm, wie erstaunt sie über das Maß an Geschick seien, dass Bill durch die Zusammenarbeit mit den Außerirdischen entwickelt habe. Sie brachten ihre Bewunderung für sein Wissen zum Ausdruck, waren sich aber bewusst, dass es die Gaben der Außerirdischen waren und nicht seine eigenen. „Nur so kann es sein", sagten sie. Sie machten auch keinen Hehl daraus, dass sie und andere im Komitee neidisch auf seine Verbindung zu den Außerirdischen waren, und wiederholten, dass sie es nicht guthießen, vom direkten Kontakt mit den Außerirdischen ausgeschlossen zu werden.

Bill entgegnete, dass er dies nachvollziehen könne, dass es aber nicht in seiner Macht stehe, einen solchen Kontakt für sie herbeizuführen. Dann enthüllte er, was tatsächlich während Tims außerkörperlicher Erfahrung im Raum passiert war: „Er (Bill) war es nicht, der wie eine Maschine gearbeitet hat." Was immer sie gesehen hatten, musste eine kollektive Illusion gewesen sein, die die Außerirdischen direkt in ihrem Geist hervorgerufen hatten. Die Wissenschaftler redeten auf Bill ein und schworen, dass sie es aber genau gesehen hätten, und zwar so eindeutig, wie die Dinge nur an Bord des Raumschiffs erscheinen konnten. Dann aber ging ihnen auf, dass ja im Grunde nichts an Bord des Raumschiffs eindeutig war. Sie berichteten Bill, was sie gesehen hatten, dass nämlich er allein gearbeitet habe und ihn dabei außerirdische Gegenstände umschwärmt hätten wie Bienen, die im Sommer einen Picknicktisch umschwärmen.

Dann erzählte Bill ihnen, dass er nicht einmal in der Nähe des Tisches gewesen sei, als der Körpertausch stattgefunden habe – und ebenso wenig die übrigen Wissenschaftler! Die Außerirdischen hatten sie gelähmt und aus dem Weg geräumt, so wie man Stühle beiseite räumt, um unter dem Tisch wischen zu können. Alle drei waren in einen Winkel des Raums bugsiert und so platziert worden, dass sie vom OP-Tisch wegschauten. Die Wissenschaftler hatten dagestanden wie Schaufensterpuppen, die man gegen eine Wand gelehnt hatte – ein unbehaglicher Anblick für Bill.

Er berichtete ihnen, dass er hatte zusehen dürfen und nicht in einer Ecke abgestellt worden sei, dass die Außerirdischen aber nicht mit ihm kommuniziert hätten. Sie hatten ihre Arbeit erledigt, die drei anderen Wissenschaftler wieder dort positioniert, wo sie zuvor gestanden hatten, und waren dann verschwunden. Er glaubte, dass die Außerirdischen ihn hatten wissen lassen wollen, was wirklich geschah, wenn es kompliziert wurde. Bill war zwar ein sympathischer Mensch, aber seine Fähigkeiten sowie die Privilegien, die er bei den Außerirdischen genoss, hatten ihn eine Spur arrogant gemacht, und er glaubte, dass die Außerirdischen ihn wieder auf den Boden der Tatsachen hatten bringen wollen.

Tim sagte Bill und den anderen, dass er ihre Gedanken lesen könne. Auch als er ohnmächtig gewesen war, hatte er gewusst, was sie dachten, hatte es allerdings für einen Traum gehalten. Das Komitee stellte nach diversen Tests fest, dass die übersinnliche Wahrnehmung sensibilisiert wurde, wenn die Seele vom Körper getrennt war. Offenbar verschmolz die Seele nie vollständig mit dem Gastkörper und blieb so weit losgelöst, dass sie „übersinnliche Radiowellen" empfangen konnte.

Tims Erfolg und die Tatsache, dass die Außerirdischen offenbar über ihnen wachten, um sicherzustellen, dass nichts schiefging, machte auch den drei übrigen Wissenschaftlern Mut, aus sich herauszutreten und in das Reich des Paranormalen vorzudringen. Nachdem auch diese drei Männer den Körper gewechselt hatten, stellten sie fest, dass sie untereinander ohne Worte kommunizieren konnten. Es war, als hätten sie Funkgeräte im Kopf. Der Nachteil war, dass sie diese „Funkgeräte" nicht abstellen konnten; alles, was sie dachten, wurde auch den Kollegen offenbar.

Es erforderte viel Disziplin und Zeit, bis sie in der Lage waren, ihre Gedanken auf konstruktive und bedeutsame Dinge zu beschränken. Die Entfernung zwischen ihnen machte keinen Unterschied, und ebenso wenig Hindernisse wie unterirdische Einrichtungen, in denen sie sich oft aufhielten. Rund um die Uhr befanden sich die Männer in Kommunikation miteinander, und an diesen Eingriff in ihre Privatsphäre gewöhnten sie sich nie ganz.

Bill verstand die Außerirdischen wie keiner seiner Kollegen. Er glaubte nicht, dass die Außerirdischen in der Lage waren, Menschen Schaden zuzufügen – auch wenn sie behaupteten, ihnen gehörten alle menschlichen Körper dieses Planeten. Noch immer war Bill nicht klar, was genau sie damit meinten. Seine Kollegen fragten sich besorgt, woher die Außerirdischen denn die Körper bezogen, in denen sie sich unter die Menschheit mischten. Bill sagte, dass sie diese entweder an Bord ihres Raumschiffs züchteten oder aber taten, was auch das Komitee tat – nämlich aus der nie versiegenden Quelle an Sterbenden zu schöpfen.

Die Außerirdischen hätten mit den Geräten, über die sie verfügten, leicht alle Menschen am Leben erhalten können. „Warum tun sie das dann nicht?“, fragte eines der Komiteemitglieder. Bill konnte ihm darauf nur die offensichtliche Antwort geben – rasantes Bevölkerungswachstum. Die Außerirdischen hatten Bill erzählt, dass sie zwar nicht in die Seele eingreifen dürften, dass sie aber Apparate besäßen, mit denen sie diese in einen anderen Körper oder in eines der Behältnisse an Bord des Raumschiffs transferieren konnten. Die Gründe dafür eröffneten sie Bill nicht. Er hatte sie gefragt, ob Gott existiere und ob die Außerirdischen Gottes Helfer seien. Aber sie hatten keine der beiden Fragen beantwortet.

Bei den meisten Außerirdischen, die Bill traf, hatte er ein gutes Gefühl. Einige der Außerirdischen aber hielten sich stets im Hintergrund und kommunizierten nicht mit ihm. Bill wusste nicht, warum, aber er war froh, dass sie sich von ihm fernhielten. Er hatte das Gefühl, dass er von den negativen Schwingungen, die von diesen Außerirdischen ausgingen, bewusst abgeschirmt wurde. Dennoch verursachten sie ihm eine Gänsehaut, und er hoffte inständig, ihnen nie allein zu begegnen.

Die Außerirdischen gaben sich weder als Engel zu erkennen, noch teilten sie Bill mit, dass sich Dämonen unter ihnen befanden. Das war eine von Bills Fragen, die unbeantwortet blieb. Vielleicht aber beantworteten sie sie indirekt, als sie sagten, dass sie hauptsächlich am Körper der Menschen interessiert seien. Eine Seele aus einem Körper zu entfernen oder in ihn einzusetzen war nichts weiter als ein notwendiger Akt – ähnlich dem Verrücken eines Möbels, um den darunter befindlichen Teppich reinigen zu können.

Kurz nachdem Bill mit seinen Kollegen am Körpertausch experimentiert hatte, holten die Außerirdischen ihn an Bord ihres Raumschiffs. Sie ließen ihn wiederholen, was sich bei dem Experiment zugetragen hatte. Bill wollte seinerseits von den Außerirdischen wissen, warum sie nicht den Menschen halfen, die in Krankenhäusern durch Krankheit oder Unfallfolgen starben. Schließlich konnten sie doch jede Krankheit und alle Arten von Verletzungen heilen.

Die Antwort der Außerirdischen lautete: „Wir bekommen Anweisungen von höherer Stelle. So wie die Menschen immer jemanden haben, dessen

Befehle sie befolgen und auf den sie die Verantwortung abwälzen können, folgen auch wir Befehlen und tragen nicht die Verantwortung." Bill fragte, ob die Außerirdischen sowohl gut als auch böse seien, und sie sagten: „Im Gegensatz zu den Menschen, die ihre Entscheidungen an ihrer Vorstellung von Richtig und Falsch ausrichten, gibt es in unserer Sphäre keine Verwirrung hinsichtlich dieser Frage. Anders gesagt: Gut und Böse sind eine Illusion, die einem bestimmten Zweck dient."

In einem anderen Abschnitt des Raumschiffs als dem, in dem sich Bill mit einem der Außerirdischen aufhielt, befand sich ein Mann, der zuvor am selben Tag entführt worden war. Noch bevor Bill in das Raumschiff kam, wusste der Außerirdische bereits, wie der Besuch ablaufen würde. Er wusste, welche Fragen Bill stellen würde, noch bevor Bill sich diese im Kopf zurechtgelegt hatte. „Wozu dann aber das Treffen?", fragte Bill. Aus keinem besonderen Grund, erwiderte der Außerirdische, es bestehe keine Notwendigkeit für sie, sich mit Menschen zu unterhalten. Das Treffen geschehe allein für Bill, damit er sich an den Umgang mit ihnen gewöhne. Man wolle, dass Bill das Gefühl habe, sich frei mit ihnen unterhalten zu können, so als wären sie Menschen.

Damit war das Gespräch beendet, und Bill folgte dem Außerirdischen zu dem Raum, in dem der andere Mann war. Dieser lag auf einem OP-Tisch und wurde für einen Eingriff vorbereitet. Er war Anfang 50 und bei guter Gesundheit – aber nicht mehr lange.

Bill wusste, was geschehen würde, ohne dass ihm irgendwer dies sagen musste. Er hatte in der Vergangenheit schon an zahlreichen ähnlichen Operationen teilgenommen. Ein Großteil seines „Praktikums" betraf das Entfernen von Tumoren oder anderen Krankheitssymptomen, die die Entführten aufwiesen. Diese Operation aber umgab etwas Finsteres, geradezu Bösartiges. Was immer es war, alles in Bill sträubte sich.

Bei diesem Anlass erhielt Bill eine weitere Gabe: die Fähigkeit, in die Zukunft zu blicken – in die Zukunft des Mannes, der dort vor ihm lag. Bill sah, wie der Mann starb, dahingerafft von Krebs. Er sah, wie seine Frau in Tränen ausbrach, als sie von der Diagnose erfuhr. Er sah auch die drei Kinder des Mannes, zwei Töchter von 16 und 18 Jahren und ein Sohn im Alter von zehn. Bill wurde Zeuge der Qual, die es dem Mann und der Frau bereitete zu überlegen, wie sie den Kindern die Nachricht am besten beibrachten. Und er sah die Verzweiflung der Kinder, als sie erfuhren, dass ihr Vater krank war.

Mehr wollte Bill nicht sehen. Alles, woran er denken konnte, war seine eigene Familie und wie es wäre, wenn dasselbe ihm oder einem anderen von ihnen passieren würde. Er war wütend und schrie die Außerirdischen an, wie sie nur so etwas Böses tun könnten und ob sie etwa Engel aus der Hölle seien?

Die Außerirdischen erinnerten Bill daran, dass es nicht ihr Anliegen sei, etwas Böses oder Gutes zu tun, sondern dass sie lediglich Befehle von oben ausführten und folglich nicht verantwortlich seien. Näheres über diesen Vorfall dürften sie nicht preisgeben, sie deuteten aber an, dass es in dieser Familie um mehr gehe als nur den Tod dieses Mannes. Wie so vieles von dem, was die Außerirdischen Bill künftig noch sagen sollten, konnte er auch die Bedeutung dieses Ereignisses nicht in seinem vollen Ausmaß erfassen. Seine größte Frage aber war, warum sie ihm überhaupt all diese positiven und negativen Dinge zeigten. Sollte er als Bindeglied zwischen Außerirdischen und Menschen agieren? Wie aber sollte er dieser Rolle gerecht werden – jetzt, da er das, was die Außerirdischen den Menschen antaten, als reinen Wahnsinn durchschaute? Bis zu diesem Zeitpunkt war alles, was die Außerirdischen ihm gezeigt hatten, ermutigend und gut gewesen.

„Wird einem jeden Menschen etwa ein unsichtbarer Anforderungsschein auf die Stirn geheftet, so wie es in einer Automontagestraße geschieht, um festzuhalten, was mit jedem Einzelnen geschehen soll? Wie entscheiden die Außerirdischen, wer einen Tumor bekommt oder wem ein solcher entfernt wird? Sind Außerirdische auch für Autounfälle oder Unfälle allgemein verantwortlich?", wollte Bill wissen. Noch hatte er nicht die Ebene erreicht, auf der er über derartiges Wissen verfügte. Die Außerirdischen ließen Bill Zeit, sich an jeden neuen Schritt erst zu gewöhnen, und bei einigen Lektionen dauerte dies länger als bei anderen. Die Vorstellung, einen gesunden Menschen krank zu machen, war eine der härtesten Lektionen, die Bill lernen sollte.

Die Reise

Bill wurde mitgeteilt, dass er für zwei Monate zu einem anderen Planeten mitgenommen würde und dass er seine Reise mit seiner Familie und dem Komitee regeln solle. Seine Frau war an die Sicherheitsvorkehrungen gewöhnt, unter denen er arbeitete, und akzeptierte, dass er nicht sagen durfte, wohin er ging. Verwirrt war sie allerdings angesichts der Tatsache, dass er während dieser Zeit seine Familie nicht würde kontaktieren können. In der Vergangenheit hatte er immer Mittel und Wege gefunden, sich mit ihr in Verbindung zu setzen.

Die Komiteemitglieder, die Bill ohnehin nicht oft sahen, nahmen seine geplante Abwesenheit gleichgültig auf. Seine Vorgesetzten dagegen waren begeistert und fragten, ob die Außerirdischen ihm wohl erlauben würden, eine Kamera mitzunehmen. Er erwiderte, dass er die Außerirdischen nicht erst fragen müsse, um die Antwort zu erfahren. Er musste nicht mit den Außerirdischen zusammen sein, um Antworten oder Anweisungen von ihnen zu erhalten, sondern die Frage lediglich in seinem Kopf formulieren, und wenn sie dringend war, erhielt er die Antwort darauf sofort.

In Bills Abwesenheit beschlossen die Komiteemitglieder, die in die bizarre Welt des Körpertauschs vorgedrungen waren, dass es an der Zeit sei, selbst – ohne Bill – einige Entdeckungen zu machen. In Wahrheit hatten sie kaum eine andere Wahl. Entweder sie schritten selbst zur Tat, oder sie mussten die Operation auf Eis legen, denn ihren Vorgesetzten war klar, dass sie im Vergleich zu Bill wenig zu dem Programm beitrugen. Tim meinte, dass sie vielleicht nur deshalb von den Außerirdischen ignoriert würden, weil sie alle zögerten, diese sonderbaren Wesen anzunehmen. Viele der Menschen, die am Programm teilhatten, lebten in ständiger Angst vor den Außerirdischen und dem Raumschiff mit seinen tausend übernatürlichen Gegenständen. Ihre Verkrampfung führte dazu, dass sie das, was ihnen die Außerirdischen in die Hand gegeben hatten, weder begreifen noch nutzen konnten. Zwar empfand Tim tiefen Respekt für Bill, fand aber dennoch, dass ihm ein wenig Konkurrenz seitens der Kollegen nicht schade. „Warum sollten wir nur Bills Lakaien sein?“, fragte Tim seine Kollegen.

Tim war überzeugt davon, dass das Komitee mehr Fortschritte erzielen würde, wenn es auf mehr als nur einem Zylinder laufe. Bislang war Bill im Hinblick auf außerirdisches Wissen der einzige aktive Zylinder im Motor gewesen, während der Rest des Komitees sich kutschieren ließ. Sie mussten selbst zu Zylindern werden, und Tim hatte auch schon eine Idee, wie ihnen dies gelingen könnte.

Sein Plan bestand darin, dass die vier unter ihnen, die mit dem Körpertausch im Inkubatorraum die Schwelle zum Paranormalen überschritten hatten, ein wenig tiefer in den wundersamen Kaninchenbau vordringen mussten. Er schlug vor, sich in den fremden Körpern auf eine Mission außerhalb der geheimen Anlage zu begeben. Wie erwartet stieß er mit seinem Vorschlag bei den anderen drei Männern auf wenig Gegenliebe. Das übrige Komitee fand es riskant, den Körpertausch ohne Bills Hilfe durchzuführen, und konnte sich nicht mit der Vorstellung anfreunden, die Körper aus dem Raumschiff oder sogar von der Anlage zu entfernen.

Tim entgegnete, sie seien lediglich starr vor Angst. Er jedenfalls sei bereit, das Risiko einzugehen, und er fragte, wer außer ihm noch dazu bereit sei. Das

Problem, mit dem sich Tim konfrontiert sah, war, dass die meisten Komiteemitglieder inzwischen völlig auf Bill fixiert waren, auch wenn sie ihn persönlich nicht mochten. Einige fürchteten, dass die Außerirdischen nicht da sein und aufpassen würden, wenn Bill nicht anwesend wäre, was einerseits zwar eine Erleichterung, andererseits aber auch Grund zur Sorge war.

Tim war anderer Ansicht. Er hatte das unbeschreibbare Gefühl, dass die Außerirdischen nicht nur während ihrer Experimente über sie wachten, sondern auch bei den Komiteesitzungen anwesend waren. Er glaubte auch, dass sie ihnen allen unterbewusst Ideen und Methoden einpflanzten. In einer dieser Sitzungen hatte Tim das intensive Gefühl, dass ihm eine Begegnung mit den Außerirdischen unmittelbar bevorstehe.

Kurz darauf fand sich Tim tatsächlich im Raumschiff wieder. Dieses war überhaupt nicht so, wie Bill es beschrieben hatte, sondern so phantastisch, dass Tim überzeugt war, es dem Komitee gegenüber gar nicht beschreiben zu können. Die Außerirdischen teilten ihm mit, dass Bill nie an Bord dieses besonderen Raumschiffs gewesen sei und es daher auch nicht habe beschreiben können.

Der wahre Grund dafür, dass weder Tim, noch Bill, noch irgendein anderer Mensch das Innere eines außerirdischen Raumschiffs beschreiben kann, liegt darin, dass dieses sich permanent verändert. Die Veränderungen sind subtiler Natur, und viele Menschen nehmen sie gar nicht bewusst wahr. Obwohl sich Tims Umfeld ständig wandelte, war er sich dessen nicht bewusst. Er blieb gerade einmal eine Stunde an Bord, und dennoch war es für ihn die längste Nacht seines Lebens. Die Außerirdischen enthüllten ihm bei dieser Entführung, die er zum ersten Mal bewusst erfahren durfte, mehr, als sie Bill bei dessen erster bewusster Entführung mitgeteilt hatten. Tim hatte von Bills Wissen profitiert und war daher in der Lage, bei dieser ersten Begegnung entsprechend mehr Informationen aufnehmen zu können.

Tim sah nicht das Äußere des Raumschiffs, doch nach dem zu urteilen, was er von dessen Innerem sah, war es sehr groß. Allein auf der Ebene, auf der er sich befand, nahm der Raum die Fläche von zwei Fußballfeldern ein, und es gab noch viele weitere

Ebenen. Anders als in vielen Fernsehsendungen und Kinofilmen sah Tim keineswegs Außerirdische, die herumhuschten oder in interstellaren Bars entspannten. Die Außerirdischen dieses Raumschiffs legten offenbar viel Wert auf Zurückgezogenheit. Sie schienen nicht viel auf Kaffeepausen, Flurklatsch oder ein gemeinsames Mittagessen zu geben. Der Lebensstil der Außerirdischen war Lichtjahre entfernt vom alltäglichen Miteinander der Menschen. Aus der Größe des Raumschiffs schloss Tim, dass sich hunderte Außerirdische an Bord befinden mussten. Auf seine Frage, welchem Zweck dieses Schiff diene, erhielt er jedoch keine Antwort. Es schien allerdings nicht zum Transport von Menschen gedacht zu sein, denn er sah nirgends welche – wobei durchaus möglich war, dass er die übrigen Außerirdischen und Menschen einfach nicht sah, wie er ja auch die permanenten Veränderungen in der Gestalt des Raumschiffs nicht wahrnahm.

Während er das Raumschiff erkundete, sah er des Öfteren aus der Entfernung Außerirdische, doch wenn er zu der betreffenden Stelle kam, waren sie verschwunden, so als seien sie nur eine Fata Morgana gewesen. Er erinnerte sich hinterher, dass das Schiff einen großen Innenhof mit einem Atrium hatte, das elf Stockwerke hoch und von einer durchsichtigen Kuppel gekrönt war, die wie ein Fenster zum Universum wirkte. Die Glaskuppel schien die Sterne und Galaxien größer und strahlender erscheinen zu lassen. Das Raumschiff bewegte sich nicht, oder zumindest kam es Tim so vor, denn er spürte keine Erschütterung.

Durch das riesige Auge dieses Innenhofs hinaus auf die Erde und ihren Mond zu sehen, war ganz besonders spektakulär. Tim hatte sich selten dem Himmel so nah gefühlt – nur einmal, in den erhabenen gotischen Kathedralen, die er bei einem Europaurlaub besichtigt hatte. Dieses Raumschiff nun erinnerte ihn an diese gewaltigen Bauwerke mit ihrer imposanten Fülle an Bögen und Säulen, nur dass hier die Fresken der Renaissancemeister fehlten. Viele der außerirdischen Gestaltungselemente erschienen ihm fremd und gleichzeitig eindrucksvoll. Der Ausstattung nach zu urteilen, hatten die Außerirdischen einen stark ausgeprägten Sinn für Ästhetik. Die Atriumkuppel holte die Sterne und Planeten regelrecht ins Raumschiff hinein. Vielleicht waren es nur holographische Bilder – das vermochte Tim nicht zu sagen. Es sei eine auf wundervolle Weise verblüffende Erfahrung gewesen, berichtete er später seinen neidischen Kollegen.

Während Tim noch verzückt die Sterne bewunderte, näherte sich der Außerirdische, der ihn an Bord geholt hatte. Er kündigte sein Kommen telepathisch an, um Tim nicht zu erschrecken. Tim blieb entspannt. Was ihm dabei half, seine Fassung zu wahren, war die Enthüllung des Außerirdischen, dass Tim schon oft mit ihnen zu tun gehabt habe. Der Außerirdische löste eine Blockade in Tims Gedächtnis, woraufhin dieser sich an ein paralleles Leben erinnerte, von dem er bislang nichts geahnt hatte: Tim kannte die Außerirdischen seit seiner Kindheit.

Zwischen diesen bewusstseinserweiternden Erfahrungen und dem freudvollen Gefühl der Wiedervereinigung blitzten auch hier und da furchtbare, verstörende Erinnerungssplitter auf, doch hing Tim ihnen nicht weiter nach. Er kämpfte heftig darum, die Ruhe zu bewahren, während er immer mehr Einblick in seine lebenslange Verstrickung mit diesen merkwürdigen Wesen erhielt. Tim war froh, dass sie telepathisch miteinander kommunizierten, denn hätte er seine Gedanken in Worte fassen müssen, so wäre sicherlich seine Stimme gebrochen und von Zähneklappern entstellt worden. Dass er derart die Kontrolle zu verlieren drohte, ärgerte Tim. Er bildete sich einiges auf seine Furchtlosigkeit ein; nur wenige Dinge schafften es überhaupt, ihm – wie diese außerirdische Begegnung – Angst einzuflößen. Wie so viele Menschen, war auch Tim der Überzeugung, er habe sich selbst in der Hand, aber an diesem Tag wurde er eines Besseren belehrt. Die Begegnung mit den Außerirdischen bewies ihm, dass diese Überzeugung reine Illusion war.

Am folgenden Tag setzte Tim das Komitee über seinen Kontakt mit den Außerirdischen in Kenntnis. Diese hatten ihn beauftragt, vier der Komiteemitglieder in die Frankenstein-Körper zu transferieren. Dann sollten sie sich zu einem bestimmten Haus in einem der Außenbezirke einer Großstadt (deren Name aus dem Bericht gelöscht wurde) nahe der Geheimbasis begeben. Für den Transport benutzten sie einen Lieferwagen mit dem Logo einer Telefongesellschaft, in dem sich außerdem verschiedene Objekte aus dem Raumschiff befanden. Die Außerirdischen hatten Tim keine Liste der für die Mission notwendigen Objekte gegeben, sondern ihm nur gesagt, dass er intuitiv wissen werde, was mitzunehmen sei, sobald er das Raumschiff betrete. Tim sagte den vier Komiteemitgliedern, dass sie für den Transfer in die Frankenstein-Körper keinen der Gegenstände benötigten, da die Außerirdischen diesen inkognito vornehmen und während der Fahrt über Tims Team wachen würden.

Wieder einmal war das Komitee verschnupft, weil es vom direkten Kontakt mit den Außerirdischen ausgeschlossen wurde. Sie alle waren doch so sehr in dieses UFO-Phänomen involviert; wenn Bill und Tim mit einer Begegnung umgehen konnten, warum dann nicht auch sie? Eine unmittelbare Konfrontation konnte nicht schrecklicher sein als die lebenden Toten, die im Raumschiff gelagert wurden, und nicht verrückter als all die Gegenstände, die einige von ihnen verstümmelt hatten. Zwei der Militärs im Komitee hatten die Außerirdischen gesehen, als die amerikanische Luftwaffe das Raumschiff 1947 geborgen hatte. Allerdings hatten sie sie nur kurz und durch dickes Glas hindurch gesehen, bevor die Außerirdischen von einer anderen geheimen Regierungsbehörde abtransportiert worden waren.

Tim aber konnte dies erklären. Die Außerirdischen, sagte er, gäben sich nur Menschen zu erkennen, die eine Reihe von Vorbereitungen durchlaufen hätten. Dieser Prozess ähnelte einer Impfung, die in regelmäßigem Abstand vorgenommen wird, um die Immunität gegen bestimmte Erreger zu erhöhen. Die Komiteemitglieder, die sich einen Kontakt herbeisehnten, mussten zunächst „geimpft" werden, bevor sie die nächste Bewusstseinsstufe erreichten und mit den Außerirdischen in Kontakt treten konnten.

Wenn die „Impfserie" (die Begegnungen mit Außerirdischen) erfolgreich abgeschlossen war, stuften die Außerirdischen den Betreffenden in eine höhere Kategorie ein. Diese Kategorie bestimmte, ob und in welchem Ausmaß ein Mensch mit den Außerirdischen Umgang pflegen konnte. Es gab hunderte Programme, an denen Menschen teilhatten und Aufgaben für die Außerirdischen übernahmen. Nur ein Bruchteil aller Menschen erreichte jedoch eine Stufe, auf der sie wie Bill und Tim uneingeschränkt Einblick erhielten. Selbst die Außerirdischen wussten vorher nicht mit Sicherheit, welche Personen den Immunisierungsprozess erfolgreich durchlaufen würden, oder, sobald dies absehbar war, welche Ebene des Programms sie erreichten. Daher blieb offen, wer im Komitee – wenn überhaupt – diese Schwelle als Nächster überschreiten würde. Tim wurde mitgeteilt, dass die Impfung den Geist des Menschen und in geringerem Maße auch den Körper schützen sollte. Die Außerirdischen strahlten eine Energie aus, die menschliches Gewebe schädigte und sich hemmend auf den Geist auswirkte. In einigen Fällen löste die außerirdische Strahlung gar eine Psychose aus. Es gab noch weitere Aspekte an Außerirdischen und Raumschiff, die dem Menschen schadeten, aber diese wurden Tim nicht offengelegt.

Auf Mission

Die Außerirdischen ließen Tim wissen, dass auch die drei seiner Kollegen, die den Körpertausch durchführen sollten, in derselben Nacht wie er an Bord des Raumschiffs geholt worden waren. Während der Entführung nahmen die Außerirdischen ihnen die Angst und bereiteten sie auf ihre Aufgabe vor.

Tim und sein Team wechselten den Körper, beluden den Lieferwagen und fuhren zum Zielort. Tim wusste als Einziger, wohin es ging; die Fahrt würde etwa vier Stunden dauern. Sie hielten zweimal an, bevor sie ihr Ziel erreichten. Zwar mussten sie nicht essen und brauchten auch keine Toilettenpause, doch hatten die Außerirdischen ihnen gesagt, dass sie durchaus essen könnten und dass die Körper ganz normal funktionierten. Zu dem Experiment gehörte, dass sie sich unter Menschen mischten, um sich an die Körper zu gewöhnen. Als sie die Stadt erreichten, in der das betreffende Haus lag, nahmen sie sich ein Motelzimmer. Am nächsten Tag erkundeten sie die Stadt.

An diesem Tag erfuhr Tim auch Genaueres über die Mission, die eine Geheimoperation innerhalb einer Geheimoperation darstellte. Komiteemitglieder und Vorgesetzte auf der Basis wussten nicht, wo Tim und die anderen drei Männer waren oder was sie taten.

Alle Komiteemitglieder trugen, wie überhaupt alle Personen, die in das Programm eingebunden waren, einen Chip unter der Haut. Der Chip war der wichtigste Bestandteil der Personalüberwachung. Die Körper jedoch, die Tim und die anderen derzeit bewohnten, hatten keinen solchen Chip. Tim ging auf, dass das wachsame Auge seiner Abteilung ihn und sein Team erstmals seit vielen Jahren nicht ausspähen konnte. Ihnen war kein „Aufräumkommando" auf den Fersen; überhaupt folgte ihnen niemand als die Außerirdischen, und so konnten sie tun und lassen, was ihnen gefiel. Falls Tim und seine Leute die Mission vermasselten oder mit dem Auto oder sonstwie verunglückten, würden die Außerirdischen sie in Sekundenbruchteilen vom Ort des Geschehens entfernen – mit dem zusätzlichen Vorteil, dass sie nicht vorhatten, sie zu töten.

Tim wurde aufgetragen, sich mit den Straßen und Gassen vertraut zu machen, die bei dem Haus zusammenliefen, bei dem sie sich später einfinden sollten. Es war noch helllichter Tag, als sie das Haus ausfindig machten. Das gab ihnen genug Zeit zu planen, wie sie ihre Mission am besten durchführen könnten, ohne Aufmerksamkeit zu erregen. Es war ein unbeschreibliches Erlebnis, in den geliehenen Körpern tätig zu sein. Die Körper benötigten weder

Schlaf noch Nahrung und verfügten doch stets über maximale Energie. Während die vier Männer telepathisch miteinander sprachen, war das Einzige, was ihnen Kummer bereitete, die Tatsache, dass sie die Körper nicht behalten durften. In ihnen verspürten sie weder Schmerz noch Müdigkeit, und auch das Verlangen nach irdischen Vergnügungen wie Sex, Alkohol und Tabak kannten diese Körper nicht. Selbst diejenigen unter den Männern, die für gewöhnlich rauchten, hatten kein Bedürfnis nach einer Zigarette. Sie waren absolut frei von den üblichen Begehrlichkeiten, die der Körper dem Menschen auferlegt.

Später in der Nacht machten sie sich auf zu ihrer Verabredung, auch wenn keiner der Männer wusste, welcher Art die Mission war. Es war drei Uhr morgens, als der Lieferwagen auf die Auffahrt des Hauses fuhr. In der Umgebung war alles still, die meisten Nachbarn schliefen. An einem klaren Himmel stand der Vollmond, und im Garten nebenan bellten Hunde. Die Männer achteten darauf, möglichst leise zu sein, ließen die Hunde aber bellen. Durch die Mauer, die der Auffahrt am nächsten war, drangen sie ins Haus ein. Tim ging voran; irgendwie wusste er, in welches Zimmer sie mussten.

Er führte sein Team die Treppe hinauf und betrat das zweite Schlafzimmer, an dem er vorbeikam. Zwei der Männer wies er an, im Flur zu warten und aufzupassen, falls einer der Bewohner aufwachen sollte. Sollte jemand sein Bett verlassen, dann war es Aufgabe des Teams, ihn mit dem außerirdischen Laserpointer zu lähmen und ins Bett zurückzubringen. Alle vier trugen spezielles Schuhwerk, dessen Sohlen aus einem geräuschhemmenden Material waren, das das Knarren der Bodendielen schluckte. Die Männer kommunizierten telepathisch miteinander und waren absolut lautlos. In dem Zimmer, das Tim betrat, lag ein Junge, der kurz zuvor seinen ersten Geburtstag gefeiert hatte und friedlich schlief. Tims Aufgabe bestand darin, dem Jungen jeweils einen kleinen Gegenstand in Nase und Ohr einzuführen. Weil dies schmerzvoll war, sollte Tim ihn zunächst lähmen. Tim wusste, dass der Junge aufwachen und schreien würde, sobald er die Objekte einführte. War er aber gelähmt, würde er zwar Schmerzen leiden, aber weder schreien noch weinen können. Und tatsächlich wachte der Junge auf, fiel aber sofort wieder in tiefen Schlaf, nachdem Tim fertig war. Die Sache hatte kaum zwei Minuten gedauert. Weil das Kind so jung war, war es nicht notwendig, seine Erinnerungen an den Vorfall zu löschen.

Während der Mission wurde Tim durch eine bis dahin blockierte Erinnerung mitgeteilt, dass einige Menschen zu einer Art allergischer Reaktion auf die Außerirdischen neigten. Wenn die Außerirdischen auf einen Menschen mit dieser Veranlagung stießen, an dem sie aber interessiert waren, zogen sie die Hilfe von Leuten wie Tim heran, um dem Betreffenden etwas einzusetzen, das die allergische Reaktion abschwächte. So war es auch bei dem Jungen geschehen. Die Außerirdischen ließen Menschen den ersten Kontakt herstellen und sie ein außerirdisches Antihistamin verabreichen, um dann die betreffenden Personen persönlich aufsuchen zu können, ohne ihnen Schaden zuzufügen.

Die Außerirdischen zogen schon seit vielen tausend Jahren Menschen als Mittelsmänner heran. Bei den meisten Entführten war keine solche Maßnahme nötig, aber die Zahl derjenigen, bei denen sie erforderlich war, lag im vierstelligen Bereich.

Wenige Sekunden, nachdem Tim die Implantate eingesetzt hatte, erschienen drei Außerirdische im Zimmer. Tim hatte zuvor schon gespürt, dass sie auftauchen würden, war aber dennoch überrascht. Die Mission war nicht geprobt worden; es hatte keine Pläne gegeben. Alles schien sich spontan zu ergeben, und damit war es das beste Sicherheitssystem der Galaxie: Niemand konnte Informationen ausplaudern, weil es keine Informationen gab, die hätten ausgeplaudert werden können. Tim erhielt auf telepathischem Weg Informationen, und er erhielt sie genau in dem Moment, in dem er sie brauchte. Zwar hatte er gespürt, dass die Außerirdischen kommen würden, doch war davon in den Informationen, die er erhalten hatte, nicht die Rede gewesen. Es war mehr eine Ahnung gewesen. Als die Außerirdischen auftauchten, wusste Tim, dass seine Aufgabe erfüllt war und dass er und seine Kollegen den Ort sofort verlassen mussten. Tim wusste nicht, was im Zimmer des Jungen geschah, nachdem er und die übrigen Männer gegangen waren. Er nahm aber an, dass man den Jungen mit ins Raumschiff nehmen und dass dies nur die erste von vielen weiteren Entführungen sein würde.

Auf dem Rückweg zur Basis erzählte Tim seinen drei Begleitern, dass die Außerirdischen im Zimmer erschienen seien, kurz bevor sie das Haus verlassen hätten. Er fragte sie, ob einer von ihnen dies mitbekommen habe, doch keiner der drei Männer hatte die außerirdische Energie gespürt oder auf andere Weise von der Gegenwart der Außerirdischen erfahren.

Nach der Rückkehr zur Basis drehte sich das Gespräch hauptsächlich um die geliehenen Körper und darum, dass die Männer wünschten, sie könnten sie behalten. Die Mission selbst wurde nicht mehr erwähnt, so als habe sie nie stattgefunden. Keiner der Männer hatte große Lust, in seinen alten Körper zurückzukehren – es war, als hätten sie in einem Rennwagen gesessen und sollten plötzlich wieder in die schäbige Familienkutsche steigen. Es dauerte eine Weile, bis sie sich wieder an den alten Körper gewöhnt hatten – an Müdigkeit, Muskelschmerzen, Hungerattacken und das Bedürfnis nach einer Kaffeepause.

Für die Dauer der Mission wurden die Körper der Männer im Inkubatorraum durch ein System am

Leben gehalten, das ähnlich funktionierte wie die Kryokonservierung.

Tim fragte die Außerirdischen, welche Folgen es haben könnte, wenn ein Mensch einen Monat oder länger in einem von ihnen transformierten Körper bleibe. Sie antworteten, dass sich die Rückkehr in den eigenen Körper als verheerend erweisen würde, wenn der Betreffende mehr als ein paar Tage in dem Körper verbleibe. Es sei zudem nicht erlaubt, dauerhaft in einem wiederbelebten Körper zu wohnen, und auch ihre eigenen Körper dürften nicht mit den organerhaltenden Geräten der Außerirdischen ausgestattet werden. Der Grund war einfach: Die Erde würde sich in ein Utopia verwandeln, wenn solche Dinge erlaubt wären, und dieses Utopia war nicht das Ziel der Außerirdischen. Ob dies in ferner Zukunft der Fall sein würde, durften die Außerirdischen nicht preisgeben.

Klone

Tim fragte die Außerirdischen, ob sie Menschen klonen würden. Sie antworteten, dass es zahlreiche Klone auf dem Planeten gebe. Außerirdische, die menschliche Gestalt annähmen, nutzten nicht etwa die leeren Hüllen Verstorbener, sondern menschliche Klone. Diese würden aus Zellen erschaffen, die man Entführten wie Bill und Tim entnehme. Tim entgegnete, dass er noch nie einer Kopie von sich selbst begegnet sei und nicht wisse, wie er auf eine solche reagieren würde, doch die Außerirdischen versicherten ihm, dass diese Chance bei über sechs Milliarden Menschen gegen null gehe.

Die Außerirdischen zeigten Tim, was mit den Klonen alles möglich war. Einer der Außerirdischen steuerte mittels Bewusstseinskontrolle gleich mehrere Klone gleichzeitig. Dabei konnte entweder jeder der Klone eine separate Aufgabe verrichten oder alle robotergleich an einer Sache arbeiten. Klone wurden als Arbeiter für alltägliche oder gefährliche Aufgaben herangezogen, um beispielsweise Gräben auszuheben, Zweckbauten zu errichten oder in Kernkraftwerken oder anderen exotischen

Energiegewinnungsanlagen zu arbeiten, die die Außerirdischen aus vielerlei Gründen betrieben.

Klone dienten und dienen den Außerirdischen auch als hervorragende Soldaten. Weil die Klone wie Menschen aussehen und handeln, können die Außerirdischen sie überall auf der Welt einsetzen, ohne dass es jemandem auffällt. Diese Klone sind weder Roboter noch Menschen; sie besitzen keine Seele, und sie können nicht selbstständig agieren. Zwar kann ihnen eine Seele eingesetzt werden, aber das ist nicht üblich. Gesteuert werden sie von einem oder mehreren Außerirdischen, die wie Hirten über ihre Herde bzw. Befehlshaber über ihre Armee wachen. Die Klone können zwar wie ein Roboter eingesetzt werden, aber es ist einfacher für die Außerirdischen, für komplexere Aufgaben Menschen mit voll ausgeprägtem Verstand heranzuziehen. Menschen werden wie Bill und Tim an das Programm herangeführt. Sie haben den Vorteil, dass sie selbstständig handeln können – aber auch, wenn nötig, nach Gutdünken der Außerirdischen.

Bei einer späteren Begegnung erfuhr Tim mehr über die Außerirdischen und ihre Eigenarten. Die Außerirdischen, die den Kontakt zu Menschen herstellten, waren geschlechtslos. Unter ihnen waren zwar Wesen, die aussahen, als wären sie weiblich oder männlich, aber Tim wurde nicht gesagt, ob sie tatsächlich einem Geschlecht angehörten oder sich nur nach außen hin so gaben. Einige Außerirdische wirkten, als seien sie aus Einzelteilen zusammengesetzt – lebendige Beispiele des sagenumwobenen Frankensteinmonsters. Es gab kleine, große, dicke und dünne Außerirdische. Einige hatten bleiche Haut, andere graue, schwarze, blaue oder metallfarbene. Die Außerirdischen gingen, flogen, schwebten und waren zu einer Reihe befremdlich anmutender Kunststücke in der Lage. Es gab auch Humanoide, die menschliche Züge hatten und Hybriden aus Menschen und Außerirdischen waren. Einige der Außerirdischen sahen wie Menschen aus, aber keiner von ihnen kommunizierte mit Tim, weshalb dieser nicht sicher war, ob sie tatsächlich Menschen oder doch Außerirdische waren.

Die Außerirdischen erklärten Tim, dass sie nur eine von vielen außerirdischen Spezies seien, die die Erde besuchten. Es gebe noch weitere außerirdische Wesen, die rangmäßig teils über ihnen, teils unter ihnen angesiedelt seien. Sie alle hätten ihre Aufgabe auf diesem Planeten und im übrigen Sonnensystem zu erfüllen.

Bills Rückkehr aus Utopia

Als Bill nach zwei Monaten wieder auftauchte, fand er das Komitee in das Material vertieft, das durch Tims Begegnungen mit den Außerirdischen zusammengekommen war. Es war derart beschäftigt damit, Tims Arbeit zu interpretieren und zu kategorisieren, dass es den beurlaubten Bill ganz vergessen hatte. Bill aber hatte ganz und gar nicht den Anschluss verloren, wie einige glaubten, denn die Außerirdischen hatten ihn über Tims Fortschritte auf dem Laufenden gehalten. Er hatte in seiner Abwesenheit sogar aktiv daran mitgewirkt. Doch er wollte dem Komitee genügend Zeit lassen, die neuen Informationen von Tim aufzunehmen, bevor er ihnen seine eigenen Einsichten aus den vergangenen zwei Monaten aufbürdete. Also teilte er seinen Kollegen mit, er wolle ein wenig Zeit mit seiner Familie verbringen und würde nach einem gemeinsamen Urlaub zurückkommen. Seine beiden

Kinder gingen bereits aufs College, und er verbrachte ein Wochenende mit ihnen, bevor er seine Frau mit auf eine Kreuzfahrt nahm.

Er sagte seiner Frau nie, an was genau er arbeitete, und seltsamerweise stellte sie ihm nie nach. Sie war eine zierliche, schüchterne Frau, die gerne allein war und ehrenamtlich im örtlichen Krankenhaus arbeitete. Sie und Bill waren sehr gegensätzlich – er war kontaktfreudig und ging gern auf Partys, und sie blieb lieber zu Hause, um zu lesen oder zu nähen.

Die Begegnungen mit den Außerirdischen hatten Bill allerdings verändert. Er war längst nicht mehr so extrovertiert wie früher, sondern hing oft seinen Gedanken nach, nahm das Leben nun entspannter und hielt sich von gesellschaftlichen Ereignissen und öffentlichen Veranstaltungen fern. An vielen der „wichtigen" Treffen, zu denen er vom Komitee geladen wurde, nahm er nicht mehr teil. Es gab nichts, das er vom Komitee noch hätte lernen können, und nur wenig, was er mit diesem teilen konnte. Also verbrachte er mehr Zeit zu Hause. Wenn er zur Arbeit kam, sprach er nur, wenn er dem Komitee etwas mitzuteilen hatte. Ansonsten saß er schweigend da und gab vor, den anderen zuzuhören. Banalitäten hörte man nicht mehr aus seinem Mund, was die anderen bedauerten, denn Bill hatte es immer verstanden, Witze und saftige Schoten zu erzählen. Bill hatte herausgefunden, dass sein Erzähltalent ein zweischneidiges Schwert war – sein Ruf, großartig fabulieren zu können, hatte ihm in den frühen Jahren des Projekts einiges an Glaubwürdigkeit gekostet, und noch immer blieben einige seiner Kollegen gegenüber seiner Behauptung, mit Außerirdischen in Verbindung zu stehen, skeptisch.

Doch auch wenn Bill ein Possenreißer war, empfanden Freunde und Kollegen großen Respekt für ihn. Sein Wissensschatz und auch seine Fähigkeit, komplexe Zusammenhänge zu begreifen, erstaunten jeden, der ihn kannte.

Er war bis zu seinen ersten Begegnungen mit den Außerirdischen immer sehr redselig gewesen. Danach aber veränderte sich sein Charakter radikal, und sein Wissen schien sich mit jedem Tag zu vervierfachen. Seine Kollegen tauften ihn „Spock“, nach der Figur aus „Star Trek“. Im Gegensatz zu Spock aber nahm Bill Anteil an seinen Mitmenschen, insbesondere an denjenigen, mit denen er unmittelbar zu tun hatte. Dennoch behielt er ein beruflich professionelles Auftreten bei.

Bills Frau sagte ihm bei seiner Rückkehr, dass sie ihn überhaupt nicht vermisst habe. Sie war nicht etwa sarkastisch; was sie meinte, war, dass sie die ganze Zeit über seine Gegenwart gespürt hatte. Es war so, als sei er gar nicht weg gewesen. Bill durfte ihr nicht sagen, dass sie die ganze Zeit über bei ihm gewesen war und dass ein außerirdischer Hybrid in ihrer Abwesenheit ihr Aussehen und ihre Persönlichkeit angenommen hatte. Weil sie kaum je irgendwen besuchte, war dies nicht besonders schwierig gewesen. Bill nämlich hatte die Außerirdischen gefragt, ob er seine Frau nicht mitnehmen könne, und sie hatten nur die eine Bedingung gestellt, dass sie sich hinterher nicht erinnern dürfe und Bill ihr nicht erzähle, dass sie gemeinsam auf einem anderen Planeten gewesen seien. Bill war einverstanden, obwohl er sich gewünscht hätte, den großartigsten gemeinsamen Urlaub für sie beide daraus machen zu können. Aber weit wichtiger war es ihm, dass sie bei ihm war und nicht allein zu Hause saß.

Während ihres irdischen Urlaubs eröffnete seine Frau Bill eines Tages, sie habe in seiner Abwesenheit einen merkwürdigen Traum gehabt. Sie beide seien an einem seltsamen, aber wunderbaren Ort gewesen; nur sie beide, die Kinder seien nicht dabei gewesen. Es sei wie auf einem anderen Planeten gewesen, denn es habe mehr als eine Sonne am Himmel gestanden. Der Planet habe drei Sonnen verschiedener Größe gehabt. Eine davon sei etwas größer als die irdische Sonne gewesen, die anderen beiden sehr viel kleiner, aber immer noch heller als der Vollmond. Zwölf Monde hätten den Planeten umkreist, und alle hätten sich in Farbe und Größe unterschieden. Auf den Monden habe es große Städte mit Millionen phantastischer Bauwerke gegeben, einige so groß, dass man sie vom Planeten aus habe sehen können. Die Menschen hätten mühelos zu jedem der Monde reisen können, und das hätten auch Bill und sie getan. Die Städte, die sie gesehen hätte, konnten nur einem Traum entstammen, denn „ihre Schönheit ging weit über die Grenzen der Wirklichkeit hinaus". Dann beschrieb sie Bill die Städte: Sie hätten wie Diamanten geglänzt und die Straßen wie Smaragde gefunkelt. Das Essen sei himmlisch gewesen, und sie habe zum ersten Mal in einem Traum Geschmack und Geruch wahrgenommen. Das Essen sei unglaublich köstlich gewesen; es müsse daher ein Traum gewesen sein, denn kein irdisches Essen sei mit diesem vergleichbar. Sie wünschte, sie hätte diesen Traum mit Bill teilen können. Es falle ihr schwer zu beschreiben, wie wundervoll sie sich darin gefühlt habe, und wüsste sie es nicht besser, dann würde sie glauben, es sei Wirklichkeit und kein Traum gewesen!

Bill überraschte es, wie viele Erinnerungen an diese unbewusste Reise die Außerirdischen ihr gelassen hatten. Er hatte geglaubt, sie würden die Ereignisse unter etwas tarnen, das einem irdischen Traum näherkomme, doch es freute ihn, dass sie ihr dieses Geschenk gemacht hatten. So bekam er doch noch, was er sich so sehr gewünscht hatte – ihre gemeinsame Traumreise.

Einen Großteil dessen, was sie dort erlebt hatte, blockierten die Außerirdischen aber, weil es ihr sonst schwer gefallen wäre, ihr normales Leben wieder aufzunehmen. Einige Ereignisse waren so phantastisch gewesen, dass Bill und seine Frau hatten betäubt werden mussten, damit ihre Sinne nicht überlastet wurden. Sie mussten spezielle Körper „tragen“, die an die außerirdische Umwelt angepasst waren. Ihre eigenen Körper blieben in einem Raumschiff im heimischen Sonnensystem zurück. Auf einigen der Monde gab es so etwas wie Tag und Nacht, doch waren diese ganz anders als auf der Erde. Durch die drei Sonnen waren die Tage meist klar. Jeder Mond war ein einzigartiges Abenteuerland. Einer war ein botanisches Wunder, bedeckt von üppigem Regenwald, in dem zahlreiche Orchideensorten und andere exotische Pflanzen und Blumen wuchsen. Andere Monde waren wie Themenparks, wieder andere glichen einem ganzjährigen Winterwunderland mit Skipisten und allem, was der Wintersportler sonst noch begehrte. Einige Monde waren ein einziger großer zoologischer Garten mit Millionen von Tierarten, die in ihrem natürlichen Umfeld lebten. Wasserwelten oder vielmehr Wassermonde boten endlose, unberührte Strände. Auf ihnen konnte man allen Arten von Wassersport frönen, auch Tiefseetauchen – Jacques Costeau wäre sicherlich vor Neid erblasst. Die Bewohner dieses und aller anderen Planeten des Sonnensystems konnten sich unbegrenzt vergnügen. Die Monde waren nicht so groß wie der Planet, aber viele von ihnen waren so groß wie die Erde. Der Planet selbst war riesig, größer als Jupiter.

Bill war es untersagt, seine Erlebnisse anderen Menschen als den Komiteemitgliedern mitzuteilen. Die Außerirdischen fürchteten nicht etwa, dass Bill in der Öffentlichkeit oder seiner Frau gegenüber delikate Informationen über sie ausplaudern könnte; sie fürchteten vielmehr, dass Bill vor Frau und Freunden wie ein Trottel dastehen könnte, wenn er auch nur einen Bruchteil dessen wiedergab, was er gesehen hatte. Er besaß genug Disziplin, um in der Öffentlichkeit zu schweigen. Aber es kostete ihn große Mühe, bestimmte Geheimnisse auch vor Familie und Freundeskreis zu wahren.

Die schwerste Zeit machte Bill durch, als die Außerirdischen seine Tochter mitnahmen und diese hinterher mit Nasenbluten aufwachte. Er wusste genau, was ihr zugestoßen war, und dennoch musste er eine Geschichte erfinden, die das Nasenbluten plausibel erklärte. Als er klein war, hatten ihm seine Eltern erzählt, dass Nasenbluten bei Kindern normal sei, und die gleiche Geschichte erzählte er nun seiner Tochter.

Als er die Außerirdischen das erste Mal bewusst traf, war seine Tochter zwölf Jahre alt. Bei einer ihrer Entführungen war auch er anwesend, und hinterher bat er, bei keiner weiteren mehr zugegen sein zu müssen. Es war schwierig genug für ihn, ein fremdes Kind weinen zu sehen und es nicht trösten zu können; absolut unerträglich aber war es, sein eigenes Kind dort liegen zu sehen – insbesondere wenn dieses zu ihm aufsah und rief: „Hilf mir, Papa!“, und er nur tatenlos zusehen konnte. Einiges von dem, was geschah, verstand Bill. Die Dinge, die er nicht begriff, waren zugleich die schmerzvollsten. Wenn Bill eines Tages aufwachen würde und entdeckte, dass die Außerirdischen ihm und seiner Familie Böses antäten, wäre er machtlos, das wusste er. Selbst das gesamte US-Militär, ja selbst alle Militärkräfte der Welt hätten die Außerirdischen nicht aufhalten können. Was Bill beruhigte, war sein tief empfundenes Gefühl, dass die Außerirdischen gutartig waren. Daher arbeitete er bereitwillig mit ihnen zusammen. Ein Fünkchen Zweifel aber blieb. Zwar hatte er nie den Eindruck, ein Sklave der Außerirdischen zu sein, aber da diese jede beliebige Wirklichkeit in seinen Geist einpflanzen konnten, konnte er im Hinblick auf ihre wahren Absichten nie ganz sicher sein.

Die Außerirdischen wussten von seinem Zweifel und sagten ihm, dass sein Misstrauen ihnen gegenüber beweise, dass sie nicht die absolute Kontrolle über ihn besäßen. Denn wenn sie diese hätten, könnten sie jeden Zweifel in seinem Geist überdecken. Da aber sie, die Außerirdischen, ohnehin die Oberhand hätten, könnten sie auch mit den Menschen zusammenarbeiten, ohne ihnen das Misstrauen zu nehmen. Nur wenige Menschen waren in der Lage, in dem Maße mit den Außerirdischen zusammenzuarbeiten, wie Bill und Tim es taten. Die Außerirdischen sortierten viele aus, bevor sie auf einen Menschen stießen, dem sie sich preisgeben konnten.

Während er auf dem Planeten war, traf Bill andere Wesen. Nicht alle waren von der Erde, wiesen aber oft dennoch menschenähnliche Merkmale auf, weil sie demselben Genpool entstammten. Bill traf nur sieben Wesen, die von anderen Planeten waren. Diese sieben kamen von zwei Planeten, die exakte Duplikate der Erde waren. Im Milchstraßensystem gibt es Milliarden von Planeten, die der Erde ähneln, und ebenso Milliarden, die sich stark von ihr unterscheiden. Da Letztere für Bill und die anderen nicht von Bedeutung waren, wurde über sie nicht gesprochen. Es war ein großes Ereignis für Bill und die anderen, als einer der Außerirdischen eine Universalsprache in ihnen aktivierte. Es war die erste der außerirdischen „Darbietungen" speziell für sie, und sie fand während einer Zusammenkunft der ersten Gruppe statt, der „Gruppe der Sieben", wie Bill sie nannte. Dieses erste Treffen fand in einem prachtvollen Hof in der Hauptstadt statt. Der Außerirdische sagte nur ein Wort zu ihnen. Dieses eine Wort war ein Zugangscode, der im Gehirn von Bill und den anderen einen kleinen, bis dahin inaktiven Bereich aktivierte. Von dem Moment an konnten sich alle problemlos in derselben Sprache miteinander unterhalten.

Bill stellte überrascht fest, dass neben ihm noch zwölf andere Menschen von der Erde auf dem Planeten waren. Diese zwölf gehörten zu der zweiten Gruppe, zu der die erste sich gesellte. Bill und das Komitee hatten schon früh während des Programms die Theorie aufgestellt, dass auch andere Länder der Erde über außerirdische Raumschiffe und

Technik verfügten, hatten dafür aber nie Beweise gefunden.

Neben Bill sprach nur noch ein anderer Englisch. Aber auch in der größeren Gruppe wurde das für die Universalsprache zuständige Hirnareal aktiviert. Einer der Menschen fragte während des Treffens den Außerirdischen, der die Versammlung leitete, ob sie, die Teilnehmer, diesen Bereich des menschlichen Gehirns auch selbst aktivieren könnten, wenn sie wieder auf der Erde wären. Die Antwort lautete, dass es keine gegenwärtig auf der Erde gesprochene Sprache sei, sondern eine, die dort vor vielen tausend Jahren gesprochen wurde.

Die Menschen, die wie Bill von der Erde kamen, waren nicht auf dem Planeten, um sich über ihre Teilnahme an irdischen Geheimprogrammen auszutauschen. Sie wollten mit diesem Besuch vielmehr ihr Bewusstsein erweitern und ein wenig mehr darüber erfahren, was es hieß, im Milchstraßensystem ein Mensch zu sein.

Bill und einige andere Erdenbewohner brachten zum Ausdruck, was sie alle dachten – dass die Außerirdischen ihnen zwar viel zeigten, aber wenig erklärten. Die Außerirdischen entgegneten, dass es nicht nur viele verschiedene Ebenen von außerirdischem Leben gebe, sondern auch viele verschiedene Ebenen menschlichen Bewusstseins. Das Verständnis einer Person hänge von der Bewusstseinsebene ab, auf der sie sich befinde. Allein das entscheide darüber, was sie begreife und mitnehme, wenn sie schließlich auf ihren Planeten zurückkehre.

Auf der Erde gebe es sieben Ebenen. Auf anderen Planeten dagegen gebe es hunderte. Welche Ebene eine Person erreiche, hänge nicht allein von der Intelligenz ab, sondern von etwas tief im Innern der Seele. Es sei nicht Aufgabe der Außerirdischen zu erläutern, was es mit diesem rätselhaften Etwas auf sich habe. Das müsse jeder für sich selbst herausfinden.

Zwei der zwölf Menschen, die an dem Treffen teilnahmen, befanden sich auf der siebten Bewusstseinsebene. Bill gehörte nicht dazu. Die Übrigen waren auf der fünften oder sechsten Ebene. Wer auf welcher Ebene war, wurde nicht preisgegeben. Die Menschen würden erst nach ihrem Tod erfahren, welche Stufe sie erreicht hatten – das war alles, was die Außerirdischen ihnen zu sagen bereit waren. Wenn sie auf die Erde zurückgekehrt wären, würde

Bill die anderen elf Menschen wahrscheinlich nie wiedersehen. Schon seit Anbeginn der Geschichte rekrutierten die Außerirdischen Menschen, damit diese bestimmte Aufgaben für sie erledigten. Bill und die anderen waren die jüngsten Mitglieder dieser Bruderschaft.

Bei dem Treffen erfuhr Bill auch, dass nicht alle Außerirdischen gutartig waren. Einige waren böse und mischten sich in die Geschicke der Menschheit ein. Bill wurde mitgeteilt, dass das Raumschiff im Besitz des Komitees nicht einfach nur abgestürzt, sondern von feindlichen Außerirdischen angegriffen worden sei.

Zwar hätte man das Wrack und alle Anzeichen des Absturzes beseitigen und vertuschen können, aber die Außerirdischen hätten von einer höheren Ebene innerhalb der Matrix die Anweisung erhalten, es „dort zu belassen“. Daher hatten sie zugelassen, dass bestimmte, vorab für das Programm ausgesuchte Personen in den Besitz des Raumschiffs gelangten. Das Wrack diente zugleich dazu, den feindlichen Außerirdischen einen kleinen Sieg zuzugestehen, da diese entschlossen gewesen waren, der Welt eine Kostprobe von der „außerirdischen Gefahr“

zu geben, die „sich bedrohlich über der Menschheit zusammenbraut".

Die Außerirdischen ließen Bill aber gleichzeitig wissen, dass diese Abtrünnigen nur eine kleine Gruppe darstellten und im Grunde nichts weiter als ein Ärgernis im Universum seien. Diese kleine Gruppe sei auch verantwortlich für einige der UFO-Sichtungen, die gemeldet würden.

Die Außerirdischen sind nicht etwa erst jetzt gekommen, um in Kontakt mit den Menschen zu treten. Sie waren schon da, als das mikrobiologische Leben auf Erden gerade zu keimen begann. Und sie werden noch hier sein, wenn die Zeit der Menschheit längst abgelaufen ist. Die Abtrünnigen unter ihnen haben einige Menschen entführt und einigen von ihnen Schaden zugefügt, aber selbst sie und ihr Handeln dienen einem höheren Zweck.